모든 언어는 평등하다

지구 상의 모든 언어는
인류 공동체 문명 발전의 발자취입니다.
힘이 센 나라의 언어라 해서 더 좋거나 더 중요한 언어가 아닌 것처럼,
많은 사람들이 쓰지 않는 언어라 해서 덜 좋거나 덜 중요한 언어는 아닙니다.

문화 다양성에 따른 언어 다양성은 인류가 서로 견제하고
긍정적인 자극을 주고받으며 소통, 발전할 수 있는 계기가 됩니다.
그러나 안타깝게도 현재 일부 언어가 '국제어'라는 이름 아래
전 세계 사람들에게 강요되고 있습니다.

언어평등의 꿈은 전 세계 모든 언어를 학습할 수 있는 어학 콘텐츠를
개발하는 것입니다. 어떠한 언어에도 우위를 주지 않고, 다양한 언어의 고유
가치를 지켜나가겠습니다. 누구나 배우고 싶은 언어를 자유롭게 선택해서
배울 수 있도록 더욱 정진하겠습니다.

언어평등은 문예림의 아날로그와 디지털을 아우르는
어학 콘텐츠 브랜드입니다.
56년째 언어 생각뿐.

언어평등 시리즈
첫걸음

NORTH PACIFIC
OCEAN

NORTH ATLANTIC
OCEAN

SOUTH PACIFIC
OCEAN

SOUTH ATLAN
OCEAN

언어평등은 누구나 평등하고 자유롭게 전 세계 모든 언어를
학습 할 수 있도록 여러분과 함께 할 것입니다.

우르두어는 인도 유럽 어족, 인도이란어파에 속하며, 파키스탄과 인도, 네팔의 많은
무슬림들이 주로 사용하고 있는 언어 중 하나이다.
알파벳은 총 35개(주: 알파벳 변형의 일부를 포함시켜 36개에서 최대 58개까지로 보는
의견도 있다)의 문자로 구성되는데, 이중 28개는 아랍어에서, 4개는 페르시아어에서,
나머지 3개는 힌디어계의 음을 표시하기 위해 만들어졌다. 현재 영어와 함께 파키스탄의
2개 공용어의 하나이고 인도의 헌법에서 인정한 22개 공용어의 하나이다.
전 세계 약 2억 3000만 명이 사용하는 언어이다.

ARCTIC OCEAN

NORTH PACIFIC
OCEAN

Pakistan

India

INDIAN OCEAN

동영상 강의
시청하기

언어평등 (www.EQlangs.com) 구매하면
해당도서의 강의를 보실 수 있습니다.
저자가 알려주는 언어 이야기도 보실 수 있습니다.

MP3 다운로드 방법

1단계
언어평등 (www.EQlangs.com) 사이트
고객센터 - 자료실 - MP3 들어오기

2단계
제목_____ 에 찾고자 하는
도서명을 입력 후 검색하세요.

www.EQlangs.com

평등한 언어 세상을 위한 시작

우르두어 첫걸음

평등한 언어 세상을 위한 시작

우르두어 첫걸음

زبان مساوات کی دنیا کے لیے

اردو بولنے کی پہلی قدم

언어평등

평등한 언어 세상을 위한 시작

우르두어 첫걸음

초판 2쇄 인쇄 2023년 3월 17일
초판 2쇄 발행 2023년 3월 24일

지은이 안병민
펴낸이 서덕일
펴낸곳 언어평등

출판등록 2018.6.5 (제2018−63호)
주소 경기도 파주시 회동길 366 3층 (10881)
전화 (02)499-1281∼2 **팩스** (02)499-1283
전자우편 info@moonyelim.com
홈페이지 www.moonyelim.com

ISBN 979-11-964086-2-6 (13790)
값 15,000원

파키스탄의 공식 국어인 우르두어를 공부하는 사람들에게 도움을 주고자 이 책을 집필했다. 특히 파키스탄에 살면서 체득한 실전회화와 우르두어 문법을 최대한 쉽게 전달하고자 애썼다.

우르두어는 여러모로 우리나라 말과 달라 처음 배우는 사람들에게 매우 어렵게 느껴진다. 현지에서 오랜시간 우르두어를 공부한 사람들조차도 우르두어 문법에 대해서 정확하게 숙지하지 못하는 경우가 많은데 대부분 현지인 교사에게만 의지해서 그렇다. 특히 파키스탄은 지역과 종족이 다양해서 현지인들조차도 표현과 발음이 달라 한국인들에게 큰 혼란을 준다.

이에 본 책은 우르두어 발음과 문법을 단숨에 이해할 수 있도록 하는 데 역점을 두었다. 특히 파키스탄으로 여행 및 출장가는 사람들이 두어 달만에 우르두어 어문 체계를 이해하고 간단한 의사를 전달할 수 있게 하는 것이 목표다. 비록 필자가 언어 전공자는 아니지만 오랜기간 영어를 가르친 경험을 토대로 쉽게 문법을 이해할 수 있도록 서술하였다. 우르두어는 우리에게 매우 생소한 언어지만 이 책을 통해 기본표현과 전체적인 기본문법을 이해하고 나면 우르두어가 한층 쉽게 다가올 것이다.

적어도 우르두어 문법은 영어보다 쉽다. 새로운 언어를 배울 때는 어떤 언어든 문법과 함께 어휘를 늘려야 한다는 점을 기억하고 꾸준히 어휘를 암기해 나가길 부탁드린다. 매 과를 넘길때마다 그 과에 나온 모든 단어를 암기하고 넘어가겠다는 의지가 필요하다. 그런 의지를 실천한다면 단언컨데 다른 우르두어 교재를 현지인 강사와 수년간 들여다 보는 것보다 훨씬 더 빠르게 우르두어를 구사할 수 있을 것이다.

본격적인 학습에 들어가기 앞서 먼저 우리에게 생소한 우르두어 문자와 표기법, 발음법에 대해 공부한다. 이어지는 각 장에서는 파키스탄으로 처음 여행 및 출장을 가는 사람들이 처하게 될 각 상황들을 정리하고 이에 필요한 회화를 단원별로 구성하였다. 아울러 각 과별로 문법 포인트를 체계적으로 정리하여 초보자도 우르두어 문법을 쉽게 이해할 수 있도록 하였다.

이 책에 기재한 우르두어 알파벳의 한글 발음 대비표는 국내 최초로 작성된 것이고 본문의 모든 대화 내용도 직접 창작한 것이다. 문법 설명에도 필자가 처음으로 정리하고 사용한 용어도 있기 때문에 이 책의 내용을 무단으로 게시하거나 복사하는 것은 금지하고 있다.

끝으로 집필을 고사한 필자를 다시 설득해 이렇게 책이 나오게 해주신 문예림 출판사와 집필에 매달려 두세 달 동안 꼼짝 못한 나를 응원해 준 아내, 그리고 아직까지는 그다지 살기 좋은 나라가 아닌 파키스탄에서 불평없이 잘 살고 있는 사랑스러운 아이들에게 감사를 전한다.

◯. 문자와 발음

문자는 2차적인 기억의 시스템이다

언어의 시작은 알파벳부터입니다.
발음을 익히고 문자쓰기를 연습합니다.

◯. 상황별 기본 회화

경청은 지혜의 특권이다

네이티브 녹음을 들으면서 듣기 연습을 합니다.
잘 듣는 사람이 말도 잘합니다.
말하기 보다 먼저 듣기가 우선입니다.

◯. 단어와 숙어 익히기

단어의 이미지는 견고하다

이미지 연상하면서 단어를 암기하도록 합니다.
이미지를 기억은 강력합니다.
단어의 이미지로 다양한 표현력을 키웁니다.

문법 따라잡기

언어의 품사를 품다

단단한 기본문법을 바탕으로 다양한 표현을 구사할 수 있습니다.
각 과 핵심문법을 체계적으로 정리하였고,
관련된 예문들을 제시하여 학습에 어려움이 없도록 하였습니다.

표현 따라하기와 용용해서 말하기

언어의 역동성이 인간을 장악한다

실전 표현으로 원어민이 하는 실제 표현을
반복해서 공부해보세요.
꾸준히 반복하면 누구나 가능합니다.

문장훈련하기

말할 권리를 절대 옹호한다

앞서 듣기와 말하기 연습을 충분히 하셨나요?
앞에서 배운 내용 스스로 풀어보고
틀린 부분을 확인하고 반복합니다.

차 례

Contents

우르두어 문자와 발음

우르두어를 배우기 위해서는 우선 문자를 알아두는 것이 좋다. 우리에게 매우 생소한 문자여서 쉽게 암기되지 않을 수 있지만 반복적으로 학습하면 어느 순간 친숙해 질 것이다. 이를 위해 몇 가지 사전에 숙지해야 할 점이 있다.

1 우르두어 알파벳과 발음

첫 번째, 우르두어는 우리와 다르게 오른쪽에서부터 왼쪽으로 써내려 간다. 이에 따라 이 책에서도 한글은 왼쪽부터 표기되지만 예시된 모든 우르두어 단어와 문장은 오른쪽부터 표기했다.

두 번째, 우르두어는 총 39개의 알파벳을 가지고 있으며 각 알파벳마다 이름이 있다. 그리고 이에 따른 발음이 존재한다. 국내에 우르두어 관련 책이 거의 없다 보니 대부분 영어로 표기된 발음으로 학습하는데 우르두어 발음을 표기하는 데 있어서 한글이 오히려 더 유용하다. 그래서 이 책에서는 최대한 원어와 유사하게 한글로 발음을 표기하였다. 다만 우리말에 존재하지 않는 발음이 있어서 이는 영어 알파벳을 사용하여 설명하였다.

세 번째, 우르두어에는 같거나 유사한 발음을 가진 알파벳이 적지 않다. 이유는 우르두어가 아랍어, 페르시아어, 산스크리트어 등 다양한 언어가 섞여 만들어졌기 때문이다. 같은 발음을 가진 알파벳이 있어 단어를 표기할 때 어려움이 있는 것이 사실이라 개별단어별로 주의깊게 암기해야 하는 불편함이 있다.

네 번째, 우르두어에는 띄어쓰기 문법이 거의 없다. 그래서 단어별로 띄어쓰기 없이 서술해 나간다. 이 책에서는 독자들이 문자를 쉽게 읽을 수 있도록 임의로 일부 띄어쓰기를 사용하였다. 아울러 우르두어는 물음표(؟)와 쉼표(،), 마침표(۔)도 우리와 모양이 다르다. 초보자에게는 자칫 철자로 보일 수 있으니 주의해야 한다.

마지막으로, 우르두어 문자를 읽고 쓰기 어려운 가장 큰 이유 중 하나는 각 문자가 독립적으로 쓰이거나 단어의 끝에 올 때(독립/어미)와 단어의 처음 또는 중간에 올 때(어두/어중) 표기가 다르다는 것이다. 단어를 만들기 위해 알파벳을 연결해서 쓰다 보니 생긴 현상인데 이렇다 보니 암기해야 할 문자는 39개가 훨씬 넘는다. 게다가 두개의 글자를 한음으로 내는 중음기호(digraph)도 18개나 있다. 그러나 하기에 언급한 2개가 가장 중요하니 반드시 숙지해야 한다. 이를 참조하고 본격적으로 우르두어 알파벳을 익혀본다.

🔍 알파벳과 발음

문자 형태				명칭	발음법
독립형	어미	어중	어두		
ا		ا		알리프	'아' 발음
آ		آ		알리프 마다	'아'를 길게 발음한다. '알리프마다'는 어두에서만 사용된다.
ب	ـب	ـبـ	بـ	베	ㅂ 발음
پ	ـپ	ـپـ	پـ	뻬	ㅃ 발음, 흔히 영어 'P' 발음이라 하는데, 쌍비읍(ㅃ)이 정확한 발음이다.
ت	ـت	ـتـ	تـ	떼	ㄸ 발음
ٹ	ـٹ	ـٹـ	ٹـ	떼-	ㄸ 발음과 유사하나 혀를 윗 첫장과 윗니 사이 잇몸에 붙였다가 뒤로 떼면서 세게 발음한다. 약간 혀짧은 소리가 난다.
ث	ـث	ـثـ	ثـ	쎄	ㅆ 발음
ج	ـج	ـجـ	جـ	짐	ㅈ 발음
چ	ـچ	ـچـ	چـ	쩨	ㅉ 발음
ح	ـح	ـحـ	حـ	해	ㅎ 발음
خ	ـخ	ـخـ	خـ	ㅋ헤	ㅋ와 ㅎ의 중간발음이라 흔히 'Kh'로 표기하지만 본 책에는 'ㅋㅎ'로 표기했다. 가래 뱉듯 목을 끓여 소리를 낸다.
د	ـد	ـد	د	달	ㄷ 발음
ڈ	ـڈ	ـڈ	ڈ	달-	ㄷ 발음이지만 혀를 윗 첫장에 붙였다가 뒤로 떼면서 세게 발음한다.
ذ	ـذ	ـذ	ذ	잘	'ㅈ' 발음이 아니라 영어의 'Z' 발음에 해당한다. 윗니와 아랫니를 붙이고 미소짓듯 입술을 크게 양쪽으로 벌려 발음한다.
ر	ـر	ـر	ر	뤠	흔히들 한글 'ㄹ'발음으로 생각하고 '레'로 읽지만 영어의 R과 유사하니 '뤠'로 발음하는 것이 좋다.
ڑ	ـڑ	ـڑ	ڑ	아뤠	역시 R발음과 유사하지만 혀를 더 세게 굴려준다.
ز	ـز	ـز	ز	제	'ㅈ' 발음이 아니라 영어의 'Z' 발음에 해당한다. 윗니와 아랫니를 붙이고 미소짓듯 입술을 크게 양쪽으로 벌려 발음한다.
ژ	ـژ	ـژ	ژ	예/쎄	모음 '여'발음, 또는 자음 ㅆ 발음. 사용빈도는 매우 낮다.

س	س	ـس	ـس	씨인	ㅆ 발음
ش	ش	ـش	ـش	쉬인	영어의 sh 발음이다. 쉬~ 소리가 난다.
ص	ص	ـص	ـص	쑤와뜨	ㅆ 발음
ض	ض	ـض	ـض	주와뜨	'ㅈ' 발음이 아니라 영어의 'Z' 발음에 해당한다. 윗니와 아랫니를 붙이고 미소짓듯 입술을 크게 양쪽으로 벌려 발음한다.
ط	ط	ـط	ـط	또에	ㄸ 발음
ظ	ظ	ـظ	ـظ	조에	'ㅈ' 발음이 아니라 영어의 'Z' 발음에 해당한다. 윗니와 아랫니를 붙이고 미소짓듯 입술을 크게 양쪽으로 벌려 발음한다.
ع	ع	ـع	ـع	엔	'ㅇ' 발음. 모음으로 쓰여 '아'가 되기도 하고 '이'모음과 함께 '에'가 된다.
غ	غ	ـغ	ـغ	겐	ㄱ발음을 가래 뱉듯 목을 긁어 소리를 낸다.
ف	ف	ـف	ـف	페	한국어 'ㅍ' 발음이 아니라 영어 'F' 발음이라는 점을 주의해야 한다.
ق	ق	ـق	ـق	까프	ㄲ 발음이지만 목에서 울리는 무거운 소리. 영어자음으로는 'Q'로 표기된다. 뒤에 '프'는 영어 'F' 발음이다.
ک	ک	ـک	ـک	까프	ㄲ 발음. 영어자음으로는 'K'로 표기된다. 뒤에 '프'는 영어 'F' 발음이다
گ	گ	ـگ	ـگ	가프	ㄱ 발음. 뒤에 '프'는 영어 'F' 발음이다/
ل	ل	ـل	ـل	람	ㄹ 발음
م	م	ـم	ـم	밈	ㅁ 발음
ن	ن	ـن	ـن	눈	ㄴ 발음
ں		ں		눙구나	어미에서만 사용되며 'ㄴ'과 'ㅇ'의 중간발음으로 끝을 길게 흐려 발음한다 예) ہیں : 핸(X), 해~에~ㅇ(O). 이 책에서는 '해엥'처럼 '엥'으로 표기했지만 'ㄴ'과 'ㅇ'의 중간발음이니 '해에~, 해엔~' 으로도 표기될 수 있다.
و		و		와오	모음으로 쓰이면 '오'나 '우'가 된다. 자음으로도 쓰이는데 영어의 V 또는 W발음이다. 우르두어는 V와 W 발음을 같게 본다.
ہ	ـہ	ـہـ	ہـ	초띠 해	자음으로 'ㅎ' 발음이나 모음으로 'ㅎ' 발음이 섞인 '아'가 되기도 한다.

ﻉ	ﻉ	함자	모음과 모음을 연결할 때 쓰며 '이에' 발음으로 모음을 연결한다.
ی	ی	초띠 에	모음 '이' 발음
ے	ے	버리 에	모음 '에' 발음 * '버리에', '초띠에'는 어두나 어중에 쓰였을 때 모양이 같다.

○ 중음 기호

ﻫ	도짜쉬미 해	자음에 붙어 소리를 부드럽게 변화시킨다. 중음기호이자 알파벳이다
ّ	샤드	자음을 중복해서 발음하라는 뜻이다. 예를 들면 '비리(بِيلِي)'에 샤드를 붙이면 '빌리(بِيلِّي)'로 읽힌다.

2 우르두어 자음

위에 색칠된 부분은 우르두어에 우리에게 없는 자음이 있음을 알게한다.

- '떼-' 발음 떼(ٹ) : 혀를 윗 잇몸과 윗니 사이에 붙였다가 떼면서 '떼'로 발음한다.
- 'Kh' 발음 ㅋ헤(خ) : 영어에도 없는 발음으로 'ㅋ'과 'ㅎ' 발음이 함께 남으로 이 책에서는 편의상 'ㅋㅎ'로 표기했다. 흔히 '가래 뱉는 소리'라고 말한다.
- 'R' 발음 뤠, 아뤠(ر, ڑ) : 2개 모두 r 발음이지만 'ڑ'는 혀를 더 강하게 굴려준다.
- 'Z' 발음 조에, 주와뜨, 제, 잘(ظ, ض, ز, ذ) : 4개 모두가 'Z' 발음이다. 우리말 '지읒'발음과 다르다. 'ㅈ' 에 해당하는 우르두어 발음은 짐(ج)이다. 이 책에서 발음표기를 모두 'ㅈ'으로 했지만 우르두어 글자를 보고 발음을 구별해야 한다.
- 'F' 발음 페(ف) : 우르두 알파벳 '페'도 우리말 '피읖' 발음이 아님을 명심하자. 이 책에서는 편의상 '페'발음이 나는 우르두어 단어를 'ㅍ'로 표기했으나 실제 발음은 피읖의 'ㅍ'가 아니라 영어 'F' 발음이다. 우리말 'ㅍ'발음은 아래 다시 설명하지만 (پھ)이다.
- 'Sh' 발음 쉬인(ش) : '쉬~' 소리가 나며 영어에서 사용되는 발음 'Sh'와 같다.
- 'V' 발음 와오(و) : 자음으로 사용되면 영어의 'V'발음이다. 'W'발음으로도 사용된다. 이와 달리 우리말 '비읍(ㅂ)'발음에 해당하는 알파벳은 베(ب)이다.

반면에 우리에게 있는 발음이 상기에 없는 것도 있는데 앞서 언급한 피읖의 'ㅍ'나 'ㅊ' 'ㅋ' 'ㅌ' 등이다. 이를 한글에서는 '격음'이라고 한다. 그러나 고맙게도 우르두어에서는 이 격음 발음을 위한 중음기호 'ﻫ'가 있다. '도짜쉬미 해'라고 부르는 이 기호는 단자음과 붙어 부드러운 소리로 바꾸기도 하지만 주로 쌍자음 발음과 결합해 격음을 만든다.

그래서 'ㄲ'발음이 나는 자음 '까프(ک)'에 'ﻫ'를 붙이며 'ㅋ(کﻫ)'발음이 되고 'ㄸ' 발음이 나는 '떼(ت 또는 ٹ)'에 'ﻫ'를 붙이면 'ㅌ(تﻫ 또는 ٹﻫ)' 발음이 된다. 'ㅉ' 발음이 나는 쩨(چ)에 붙이면 'ㅊ(چﻫ)' 발음이다. 마찬가지로 'ㅃ' 발음이 나는 자음 '뻬(پ)'에 'ﻫ'를 붙이면 'ㅍ(پﻫ)'발음이 된다. 다만, 우르두어에서 우리말 'ㅍ' 발음이 나는 단어는 많지 않고 대부분 'F'발음이다. 따라서 영어 'F' 발음을 확실히 해 주는 것이 매우 중요하다.

이상의 우르두 자음을 한글 자음에 대입해 보면 아래표와 같다.

한글	우르두	명칭	한글	우르두	명칭	한글	우르두	명칭
ㄱ	گ , غ	겐, 가프	ㅇ	ع	엔	ㄲ	ک	까프
ㄴ	ن	눈	ㅈ	ج	짐	ㄸ	ت , (ٹ)	떼, (떼-)
ㄷ	د , (ڈ)	달, (달-)	ㅊ	چﻫ	-	ㅃ	پ	뻬
ㄹ	ل	람	ㅋ	کﻫ	-	ㅆ	س , ص , ث	쎄, 쑤와뜨, 씨인
ㅁ	م	밈	ㅌ	(تﻫ), ٹﻫ	-	ㅉ	چ	쩨
ㅂ	ب	베	ㅍ	پﻫ	-	한글에 발음이 없는 자음 (ٹ), (ڈ), Kh(خ), R(ڑ), Z(ذ ز ض ظ), F(ف), V(و), Sh(ش)		
ㅅ	-	-	ㅎ	ح , ﻩ	해, 해			

우르두어에는 우리말 '시옷(ㅅ)'발음이 없다고 봐도 무방하다.
영문 'S'로 발음되는 것은 일단 'ㅆ'으로 발음하면 대부분 무난하다.

⑩ 여자이름 Smaira, Sana, Sara → 쓰메라, 싸나, 싸라

3 우르두어 모음

우르두어를 읽는 데 가장 큰 어려움은 자음보다는 모음에 있다. 문법을 완전히 통달하고 수많은 어휘를 암기해도 단어의 모음을 정확히 발음하기는 쉽지 않다. 그 이유는 우르두어 단어 중 모음이 생략되거나 모음이 같아도 발음이 다른 경우가 있기 때문이다. 안타깝게도 이를 해결할 방법은 발음을 함께 암기하는 것 외에 딱히 없다. 다만, 착오를 줄이기 위해서 일반적인 모음에 대해서 반드시 숙지해야 한다.

우선, 기본적인 단모음 3개가 있는데 '아'발음이 나는 '알리프(ا)' 위에 저버르(ﹷ)라고 불리는 기호를 찍으면 짧은 소리의 '아(اَ)'가 된다. 반면에 '알리프(ا)'아래에 제르(ﹻ)라는 기호를 찍으면 단모음 '이(اِ)', 그리고 쉼표처럼 생긴 뻬쉬(ﹹ)라는 기호를 '알리프(ا)' 위에 그리면 단모음 '우(اُ)'가 된다. 이를 바탕으로 한국어 모음에 우르두어를 적용해 보면 다음과 같다.

아 – ﹷ , اَ (단모음)
에 – ﮮ
이 – ى , اِ (단모음)
오 – و
우 – و , اُ (단모음)

그러나 저버르(ﹷ), 제르(ﹻ), 뻬쉬(ﹹ) 등 단모음 기호가 반드시 '알리프(ا)'와 함께 쓰여야 하는 것은 아니다. 단순히 자음하고만 쓰여도 단모음이 된다. (예: 꾸르씨 = کُرسی)

또 한가지 유념할 점은 우리말에서 흔히 쓰이는 '야', '어', '여', '요', '유', '으' 등의 모음이 우르두어 알파벳에는 딱히 없다. '이'와 '아'를 결합하여 '야(یا)'로 발음하거나 '이'와 '오'를 함께 써서 '요(یو)'처럼 발음하는 식이다. '예'와 '아'가 만나 '여(یَ)', '오'와 '아'를 합쳐 '와(وا)'나 '워(ہو)'를 만들기도 하고 '이'와 '해'를 합쳐 '예(یَ)'가 되기도 한다.

단, 단어 내에서 자음끼리만 연결되어 있으면 자음뒤에 자연스럽게 '어'를 붙여 발음한다.

   예) ج + ر + م + ن + ی ← جرمنی

오른쪽부터 읽어보면 '제 + 뤠 + 밈 + 눈 + 초띠 예'가 쓰였다.
모음이 마지막 '초띠 예' 밖에 없으니 그대로 발음하면 '즈르므니'가 되어야 하나
아무런 모음이 없어도 '어'발음을 넣어 '저러머니(독일)'로 읽는다.

자음이 다른 자음과 연결되어 있지 않고 자음 자체가 독립적으로 한 음절을 만드는 경우에는 자음 뒤에 '으'를 붙여 발음한다. 주로 단어 끝, 단자음 음절인 경우에 그렇다.

   예) 쎄브(سیب, 사과), 쉐르(شیر, 사자), 암로드(امرود, 구아바) → '쎄버', '쉐러', '암로더'가 아니다.

그러나 모음이 다르거나 모음 자체가 없는데도 특정모음으로 발음되는 경우도 종종 있으니 이때는 별도로 숙지해야 한다.

이상으로 우르두어 문자와 발음법에 대해 공부했다. 지금까지 익힌 우르두어 문자를 바탕으로 이제부터 실생활에 필요한 기본회화와 우르두어 문법을 체계적으로 살펴본다.

Lesson **01**

파키스탄 입국하기

이것은 내 여권입니다.

문장의 기본구조, 주격대명사, 소유격

یہ میرا پاسپورٹ ہے۔

🎧 1-1

단어와 숙어 익히기

공항 : 안녕하세요?

[아쌀람 알레이꿈?]

السلام علیکم؟

진수 : 안녕하세요.

[와알레이꿈 아쌀람.]

وعلیکم السلام۔

공항 : 당신의 여권이 있습니까?

[꺄 앞까 빠쓰뽀르뜨 해?]

کیا آپ کا پاسپورٹ ہے؟

진수 : 이것이 제 여권입니다.

[예 메라 빠쓰뽀르뜨 해.]

یہ میرا پاسپورٹ ہے۔

제 이름은 진수입니다.

[메라 남 진수 해.]

میرا نام جِن سُو ہے۔

공항 : 당신은 한국인입니까?

[꺄 앞 꼬리얀 해엥?]

کیا آپ کورین ہیں؟

진수 : 네, 저는 한국인입니다.

[지 하, 메 꼬리얀 훙.]

جی ہاں، میں کورین ہُوں۔

공항 : 파키스탄에 왜 오셨습니까?

[앞 빠끼쓰딴 메 끼용 아에 해엥?]

آپ پاکستان میں کیوں آئے ہیں؟

진수 : 사업을 위해서요.

[까로바르 껠리에.]

کاروبار کے لئے۔

공항 : 당신은 어디서 머무십니까?

[앞 까항 뤠떼 해엥?]

آپ کہاں رہتے ہیں؟

السلام علیکم	아쌀람 알레이꿈 [모든 이슬람 국가에서 보편적으로 건네는 인사말로 '당신에게 평화가'란 뜻이다.] '아쌀람' 또는 '쌀람지'로 인사하기도 한다.
وعلیکم السلام	와알레이꿈 아쌀람 [대답으로 하는 인사말. 외국인의 경우 간단히 '하이(Hi)'정도로만 화답해도 자연스럽게 받아들인다.]
میں	나
آپ	당신
آپ کا	당신의
ہے	~이다, 있다 : 3인칭 '호나(ہونا)'동사
پاسپورٹ	여권
ہیں	~이다, 있다 : 복수형/존칭 '호나(ہونا)' 동사
میرا	나의
نام	이름
جی ہاں	네(존칭) [친근한 사이는 '지(جی)'만 쓴다.]
جی نہیں	아니요
کیوں	왜
کاروبار	사업
کے لئے	~를 위하여

16

<table>
<tr><td>کہاں</td><td>어디</td></tr>
<tr><td>میں</td><td>~에 (장소)</td></tr>
<tr><td>رہنا</td><td>머물다, 살다</td></tr>
<tr><td>ہوٹل</td><td>호텔</td></tr>
<tr><td>شُکریہ</td><td>감사합니다</td></tr>
<tr><td>آئے ہیں</td><td>'오다'의 현재완
료형</td></tr>
<tr><td>خُدا</td><td>신, 하나님</td></tr>
<tr><td>خُداحافظ</td><td>널리 쓰이는 작별
인사로 '신의 보호
가 있기를'이라는
뜻이다. 종종 '하나
님' '신'을 뜻하는
우르두어 'ㅋ후다
(خدا)' 대신 아랍어
'알라(الله)'를 쓰
기도 한다.</td></tr>
</table>

진수 : PnK호텔에서요.

[PnK호뗄 메.]

PnKہوٹل میں۔

공항 : 감사합니다. 안녕히 가십시오.

[슈끄리야, ㅋ후다 하피즈]

شُکریہ، خُداحافظ

우르두어는 오른쪽부터 왼쪽으로 읽는다. 의문문에서 물음표의 위치와 모양도 마찬가지다. 단 중간에 삽입되는 영어나 숫자는 원래대로 왼쪽부터 쓴다.

⑩ 'PnK호텔에서(PnK호텔 메)'가 '메 텔호PnK'처럼 쓰였다.]

문법 따라잡기

1 문장의 기본구조

(1) 평서문

우르두어는 우리말처럼 '주어 + 목적어 또는 보어 + 술어' 구조를 가진다. 그러나 조사가 없어 편리하게 단어만 순서대로 나열하면 문장이 성립한다.

⑩ 예(이것은) 빠쓰뽀르뜨(여권) 해(입니다).

[예빠쓰뽀르뜨 해]

یہ پاسپورٹ ہے۔

(2) 부정문

부정문에는 '내히(نہیں)'를 사용한다.

⑩ 예(이것은) 빠쓰뽀르뜨(여권) 내히 (아닙니다).

[예빠쓰뽀르뜨 내히]

یہ پاسپورٹ نہیں۔

✎ 'نہیں'는 표기상 '너힝(ن+ہ+ی+ں)'이나 현지에서 주로 '내히'로 발음해 그대로 옮겼다

(3) 의문문

의문문은 문장 앞에 '꺄(کیا)'를 쓰는 것이 원칙이다. 다만 일상에서는 평서문의 끝을 올려 읽어주기만 해도 된다.

⑩ 꺄예 (이것은) 빠쓰뽀르뜨(여권) 해(입니까)?

[꺄 예빠쓰뽀르뜨 해]

کیایہ پاسپورٹ ہے؟

2 주격 대명사

(1) 지시대명사

지시대명사는 '예'(이것)와 '워'(저것)가 있고 복수형도 동일하다. 지시형용사도 형태가 같다.

지시대명사	발음	문자	지시 형용사	발음	문자
이것, 이것들	예	یہ	이~ (+ 명사)	예	یہ
저것, 저것들	워	وہ	저~ (+ 명사)	워	وہ

(2) 인칭대명사

'나, 너, 그녀/그, 우리들, 너희들, 그들'을 뜻하는 말은 아래와 같다.

단수대명사	발음	문자	복수대명사	발음	문자
나	메	میں	우리들	함	ہم
너/당신	뚬/앞	آپ / تُم	너희들	뚬/앞	آپ / تُم
그,그녀	워	وہ	그들/그녀들	워	وہ

✎ 나를 뜻하는 میں를 그대로 읽으면 '멩, 메엥, 멘, 메엔, 메에~' 등으로 표기될 수 있으나 현지에서 짧게 '메'로 발음하는 사람이 많아 '메'로 표기했다

✎ 우르두어도 존칭이 존재하여 '너'보다 '당신'을 의미하는 '아쁘(آپ)'가 자주 사용된다. '아쁘'를 짧게 읽으면 '앞'으로 들린다.

✎ 이 외에 '너'를 뜻하는 아주 낮춤말 '뚜(تُو)'도 있으나 일상에서 자주 사용되지 않으며 주로 신을 지칭할 때 사용한다. 낮춤말이지만 가장 친밀한 관계를 뜻하기도 하기 때문이다.

3 '호나(ہونا)동사'

호나(ہونا)동사는 '~이다' '~있다'라는 뜻으로 영어의 be동사와 의미가 같고 주어의 인칭에 따라 각기 다른 형태를 갖는다.

Q 인칭과 수에 따른 호나(ہونا)동사

인칭과 수	발음	문자	인칭과 수	발음	문자
1인칭 단수 (나)	훙	ہُوں	1인칭 복수 (우리)	해엥	ہیں

2인칭 단수 (너/당신)	호/해엥	بیں /بو	2인칭 복수 (너희,당신들)	해엥	بیں
3인칭 단수 (그,그녀)	해	ہے	3인칭 복수 (그들,그녀들)	해엥	بیں

예 나는 파키스탄인이다.

[메 빠끼쓰따니 훙.]

میں پاکستانی ہُوں۔

당신은 파키스탄인입니다.

[앞 빠끼쓰따니 해엥.]

آپ پاکستانی ہیں۔

그녀는 파키스탄인이 아니다.

[워 빠끼쓰따니 내히.]

وہ پاکستانی نہیں۔

여기 연필이 있습니다.

[야항 뻰씰 해.]

یہاں پنسِل ہے۔

✎ میں처럼 بیں도 '해엥, 해엔, 헤에~' 등으로 표기될 수 있다. 송아지 울음소리 '음메에~'를 연상하며 '해에~'하고 끝을 늘려 발음하면 된다. 끝에 'ں'이 있기 때문에 'ㄴ'과 'ㅇ'발음이 희미하게 섞여 '해에~엥'처럼 들린다.

4 소유격

우르두어 명사에는 성별이 있다. 그래서 대명사 소유격은 수식받는 명사의 '성'에 따라 모양이 달라지는데 수식받는 명사가 남성이면 '아(ا)'로 끝나고 여성이면 '이(ی)'로 끝난다. 복수일 경우 남성은 '에(ے)', 여성은 단수일 때와 동일하게 '이(ی)'이다.

○ 남성명사를 수식하는 소유격

의미	발음	문자	의미	발음	문자
나의	메라	میرا	우리의	함아라	بمارا
너의/ 당신의	뚬하라/ 앞까	تُمھارا آپ کا	너희들의/ 당신들의	뚬하라/ 앞까	تُمھارا آپ کا
그의/그녀의/ 그것의	우쓰까	اُس کا	그들의/ 그것들의	운까	اُن کا

예 나의 이름 ('남(نام)'은 이름을 뜻하는 남성명사)

[메라 남]

میرا نام

Q. 여성명사를 수식하는 소유격

의미	발음	문자	의미	발음	문자
나의	메리	میری	우리의	함아리	ہماری
너의/ 당신의	뚬하리/ 앞끼	تُمھاری آپ کی	너희의/ 당신들의	뚬하리/ 앞끼	تُمھاری آپ کی
그의/그녀의/ 그것의	우쓰끼	اُس کی	그들의/그것 들의	운끼	اُن کی

⑩ 그녀의 딸 ('베띠(بیٹی)'는 '딸'을 뜻하는 여성명사)　　　　[우쓰끼 베띠]

اُسکی بیٹی

명사의 소유격은 수식받는 명사가 남성단수이면 '까(کا)', 남성복수이면 께(کے), 여성이면 단복수 모두 '끼(کی)'를 쓴다.

⑩ 알리의 아들　　　　[알리 까 베따]

علی کا بیٹا

　알리의 딸　　　　[알리 끼 베띠]

علی کی بیٹی

대명사 소유격은 수식하는 명사없이 '소유격 대명사(~의 것)'로도 쓸 수 있다.

　이것은 '나의 것'이다.　　　　[예 메라 해]

یہ میرا ہے۔

'이것'을 뜻하는 대명사 '예(یہ)'의 소유격은 단수일 경우 '이쓰까/이쓰끼(اس کی / اِس کا)', 복수일 경우 '인까/인끼(اِن کی / اِن کا)'이다.

⑩ 이 책상은 이들(이 사람들)의 것이다.　　　　[예 메즈 인끼 해]

یہ میز اِن کی ہے۔

표현 **따라하기** 1-2

1 대명사와 '호나'동사(be동사) 사용

이것은 책입니다. [예 끼다브 해.]

یہ کِتاب ہے۔

저것은 책상입니다. [워 메즈 해.]

وہ میز ہے۔

너는 독일인이다. [뚬 저러먼 호.]

تُم جرمن ہو۔

나는 한국인입니다. [메 꼬리얀 훙.]

میں کورین ہُوں۔

당신은 파키스탄인입니다. [앞 빠끼쓰따니 해엥.]

آپ پاکستانی ہیں۔

2 소유격 사용

이것은 그녀의 책입니다. [예 우쓰끼 끼다브 해.]

یہ اُس کی کِتاب ہے۔

여기 그녀의 연필이 있습니다. [야항 우쓰끼 뻰씰 해.]

یہاں اُس کی پنسِل ہے۔

저것이 당신의 책상입니다. [워 앞끼 메즈 해.]

وہ آپ کی میز ہے۔

그는 나의 친구이다. [워 메라 도스뜨 해.]

وہ میرا دوست ہے۔

응용해서 말하기 ⌒ 1-3

Dialog 1 **이름과 가족관계 묻기**

응용 단어 익히기

اُس کا نام کیا ہے؟ :A
اُس کا نام مینا ہے۔ :B
کیا وہ آپ کا بیٹا ہے؟ :A
جی نہیں، وہ میری بیٹی ہے۔ :B

A : 그의 이름은 무엇입니까?
B : 그녀의 이름은 민아입니다.
A : 그는 당신의 아들입니까?
B : 아니요, 그녀는 나의 딸입니다.

아들 بیٹا
딸 بیٹی
책 کتاب
책상 میز
의자 کُرسی
친구 دوست
여행가방 سوٹکیس
연필 پِنسل

Dialog 2 **물건의 소유주 말하기**

کیا یہ آپ کا سوٹ کیس ہے؟ :A
جی ہاں، یہ میرا سوٹکیس ہے۔ :B
کیا یہ کِتاب تمھاری ہے؟ :A
جی نہیں، یہ میری نہیں۔ :B

A : 이것은 당신의 가방(수트케이스)입니까?
B : 네, 그것은 제 가방입니다.
A : 이 책은 너의 것이니?
B : 아니요, 이것은 제 것이 아닙니다.

문장 훈련하기

다음 밑줄과 같이 답해 보세요.

A : 이것은 의자입니까?

B : 네, 이것은 의자입니다.

A : 이 의자는 당신 것입니까?

B : 아니요, 이 의자는 제 것이 아닙니다.

A: کیا یہ کُرسی ہے؟

B: جی ہاں، یہ کُرسی ہے۔

A: کیا یہ کُرسی تمہاری ہے؟

B: جی نہیں، یہ کُرسی میری نہیں۔

کیا یہ کِتاب ہے؟

جی ہاں، ــــــــــــــــــــ

کیا یہ پنسِل ہے؟

جی ہاں، ــــــــــــــــــــ

کیا یہ پاسپورٹ آپ کا ہے؟

جی نہیں، ــــــــــــــــــــ

کیا تُمہارا نام جِن سُو ہے؟

جی نہیں، ــــــــــــــــــــ

복습하기

다음을 우르두어로 말해 보세요.

1 안녕하세요?

_____

2 안녕하세요.

_____

3 네. / 아니요.

_____

4 당신은 중국인입니까?

_____

5 나는 한국인입니다.

_____

6 이것은 우르두어를 위한 책입니다.

_____

7 그녀는 내 딸입니다.

_____

8 나는 사업을 위해 파키스탄에 있습니다.

_____

Lesson 02

택시 이용하기

저는 PnK호텔로 갑니다.

میں PnK ہوٹل کوجاتا ہُوں۔

🎧 2-1

단어와 숙어 익히기

اس پاس	근처
ٹیکسی اڈّا	택시승강장
وہاں	저기
یہا ں	여기
~کے ساتھ	~와 함께
کِتنے ~	몇~
لوگ	사람
اکیلا	홀로, 혼자
جانا	가다
کو	~로, ~에게
میرے لئے	나를 위해
چلانا	운전하다
کرایہ	서비스 요금
کیا	무엇
کے طَور	~에 따르는

진수 : 근처에 택시승강장이 어디있나요?

[아쓰 빠쓰 메 떽씨아다 까항 해?]

اس پاس میں ٹیکسی اڈّا کہاں ہے؟

행인 : 저기에 택시 서비스가 있습니다.

[와항 빠르 떽씨 써르비스 해.]

وہاں پر ٹیکسی سروس ہے۔

진수 : 여기 택시가 있나요?

[꺄 야항 떽씨 해?]

کیا یہا ں ٹیکسی ہے؟

택시 : 네, (당신과 함께) 몇 분이십니까?

[지 하, 앞께 싸트 끼뜨네 로그 해엥?]

جی ہاں، آپ کے ساتھ کِتنے لوگ ہیں؟

진수 : 혼자입니다.

[메 아껠라 훙]

میں اکیلا ہُوں۔

택시 : 당신은 어디 가십니까?

[앞 까항 자떼 해엥?]

آپ کہاں جاتے ہیں؟

진수 : 저는 PnK호텔로 갑니다.

[메 PnK호텔 꼬 자따 훙.]

میں PnK ہوٹل کوجاتا ہُوں۔

당신이 저를 위해 운전하십니까?

[꺄 앞 메렐리에 짤라떼 해엥?]

کیا آپ میر ے لئے چلاتے ہیں؟

택시 : 네, 제가 운전합니다.

[지 하, 메 짤라따 훙.]

جی ہاں، میں چلاتا ہُوں۔

진수 : 택시 요금은 얼마입니까?

[떽씨 까 끼라야 꺄 해?]

ٹیکسی کا کِرایہ کیا ہے؟

택시 : 미터 요금에 따릅니다.

[미떠르 피 께 또르 해.]

میٹر فی کے طَور ہے۔

25

'~을 위해서'는 '껠리에(كے لئے)'이다. 그러나 대명사 '메(میں)'와 함께 쓰이면 '메 껠리에'가 아니라 '메렐리에(میرے لئے)'로 변한다. '뚬' '함'도 '뚬하렐리에(تمہارے لئے)' '함아렐리에(ہمارے لئے)'이다.

○ 저버르( ), 제르( ), 뻬쉬( )의 생략

앞서 살펴본 대로 위 기호는 단모음 '아' '이' '우'가 된다고 했다. 그런데 널리 쓰이는 단어에서는 이 단모음 기호를 생략하는 경우가 있다. 모두들 이미 그 발음을 알고 있기 때문에 굳이 기호를 쓰지 않아도 된다고 생각하는 것이다.

예 홍 (بُوں = بُوں), 무제 (مُجھے = مجھے), 빌리(بِلّی = بلّی)

그러니 혹시 현지에서 우르두어 글을 보다가 분명 발음은 '아' '이' '우'지만 단모음 기호가 없는 경우를 발견하더라도 너무 당황하지 않기 바란다. 이 책에서는 최대한 기호를 빠뜨리지 않으려고 노력했다.

문법 따라잡기

1 '호나(ہونا)동사'의 사용

우르두어 문장의 기본구조는 '주어 + 목적어 또는 보어 + 술어'였다. 1과에서는 목적어가 필요없는 호나동사를 서술어로 사용했기에 '주어 + 보어 + 술어' 또는 '주어 + 술어' 형태로 쓰였고 '주어는 ~이다' '주어가 ~있다'의 문장이 만들어졌다.

예 나는 한국인이다. (주어 + 보어 + 술어) [메 꼬리얀 홍.]

میں کورین بُوں.

예 당신은 파키스탄에 있습니다. (주어 + 술어, '빠끼쓰딴메'는 부사) [앞 빠끼쓰딴메 해영.]

آپ پاکستان میں ہیں.

이처럼 호나동사와 함께 쓰인 보어가 명사이면 '주어는 (명사)이다'라는 문장이 된다.
보어로 형용사가 올 수도 있는데 이 때는 '주어는 (형용사)하다'라는 뜻이 된다.

예 나는 예쁘다. (주어 + 형용사보어 + 술어) [메 ㅋ훕쏘러뜨 홍.]

میں خُوب صورت بُوں.

예 그녀는 뚱뚱하다. (주어 + 형용사보어 + 술어) [위 모띠 해.]

وہ موٹی ہے.

에 당신은 게을러요. (주어 + 형용사보어 + 술어)

[앞 쑤쓰뜨 해엥.]

آپ سُست ہیں۔

② 일반동사의 사용

이번에는 호나동사와 달리 직접적인 동작을 나타내는 동사, 즉 일반동사를 사용해 문장을 만들어 본다. 유념할 점은 일반동사는 호나동사와 달리 보어가 사용되지 않는다. 이유는 호나동사는 '~이다' '~있다' 등 주어의 성질이나 상태를 나타내지만 일반동사는 성질이나 상태가 아니라 주어의 동작 자체를 의미하기 때문이다.

그래서 일반동사는 보어와 함께 쓰이지 않고 목적어만 함께 쓸 수 있다. 이때, 목적어가 반드시 함께 쓰여야 하는 일반동사를 '타동사', 목적어 없이 쓰이는 일반동사를 '자동사' 라고 부른다.

(1) 동사의 종류

이를 통해 동사의 종류를 다음과 같이 분류할 수 있다.

○ 우르두어 동사의 종류

동사종류		가능한 문장구조	의미 및 특징
호나동사		주어 + 술어	주어가 ~ 있다
		주어 + 보어 + 술어	1.주어는 (보어)이다 (보어가 명사일 때) 2.주어는 (보어)하다 (보어가 형용사일 때) * 호나동사는 명사나 형용사를 보어로 받는다.
일반 동사	자동사	주어 + 술어	주어는 ~ 한다
	타동사	주어 + 목적어 + 술어	주어는 (목적어)를 ~한다 * 타동사의 목적어로 명사/대명사가 온다.

동사를 정확히 사용하기 위해서는 일반동사의 자동사와 타동사를 잘 구별할 필요가 있다. 그래서 많이 쓰이는 자동사와 타동사는 반드시 숙지해야 한다.

🔍 많이 쓰이는 자동사와 타동사

자동사 (목적어 불필요)			타동사 (목적어 필요)		
의미	발음	문자표기	의미	발음	문자표기
오다	아나	آنا	~을 보다	데크나	دیکھنا
가다	자나	جانا	~을 먹다	카나	کھانا
자다	소나	سونا	~을 주다	데나	دینا
걷다	짤나	چلنا	~을 보내다	베즈나	بھیجنا
말하다	볼르나	بولنا	~을 쓰다	리크나	لِکھنا
웃다	한스나	ہنسنا	~을 읽다, 공부하다	빠르나	پڑھنا
앉다	베트나	بیٹھنا	~을 열다	콜르나	کھولنا
살다/머물다	뤠헤나	رہنا	~을 닫다	반드 까르나	بند کرنا
달리다	도르나	دوڑنا	~을 가르치다	씨카나	سِیکھانا
울다	로나	رونا	~을 배우다	씨크나	سِیکھنا

✎ 우르두어 동사를 표기하는 기본형태는 '동사어근 + 나(نا)'이며 이를 '부정사형'이라고 부른다. 부정사형은 동사의 원형을 표기할 때 사용되며 영어의 to부정사처럼 다양한 품사로 활용되기도 한다. (9과 참조)

(2) 동사의 기본 사용법

문장에서 일반동사는 [동사어근 + 따/띠/떼 + 호나동사]의 형태로 사용된다. 이는 현재시제의 기본형이기도 하다. 이때 '따/띠/떼(تا/تی/تے)'는 주어의 성과 수에 따라 선택된다. 즉 같은 문장이라도 주어가 남성일 경우에는 '따(تا)', 여성일 경우에는 '띠(تی)'이다.

🗨 나(남성)는 학교간다 : 메(나는)…자('가다'란 뜻의 동사어근)+따+훙(1인칭 호나동사)

[메 이쓰꿀자따 훙]

میں اِسکول جاتا ہُوں

🗨 나(여성)는 학교간다 : 메(나는)…자('가다'란 뜻의 동사어근)+띠+훙(1인칭 호나동사)

[메 이쓰꿀자띠 훙]

میں اِسکول جاتی ہُوں

주어가 복수이거나 존칭일 경우 남성은 '떼(تے)'를 쓰고 여성은 그대로 '띠(تی)'를 쓴다.

예 우리(남성)는 학교간다 : 함(우리는)…자+떼(복수)+해엥(복수 호나동사)

[함 이스꿀자떼 해엥]

ہم اِسکول جاتے ہیں

예 우리(여성)는 학교간다 : 함(우리는)…자+띠(복수)+해엥(복수 호나동사)

[함 이스꿀자띠 해엥]

ہم اِسکول جاتی ہیں

이때, 호나동사도 앞서 배운대로 주어의 인칭과 수에 따라 변했다. 이를 정리하면 아래와 같다.

🔍 인칭과 수에 따른 동사변화 (현재시제)

인칭과 성	동사변화	문자
메(남성) 메(여성)	어근 + 따 훙 어근 + 띠 훙	تا بُوں تی بُوں
뚬/앞(남성) 뚬/앞(여성)	어근 + 떼 호/ 떼 해엥 어근 + 띠 호/ 띠 해엥	تے ہیں/تے ہو تی ہیں/ تی ہو
워(남성) 워(여성)	어근 + 따 해 어근 + 띠 해	تا ہے تی ہے
함(남성들) 함(여성들)	어근 + 떼 해엥 어근 + 띠 해엥	تے ہیں تی ہیں
뚬(남성들) 뚬(여성들)	어근 + 떼 해엥 어근 + 띠 해엥	تے ہیں تی ہیں
워(남성들) 워(여성들)	어근 + 떼 해엥 어근 + 띠 해엥	تے ہیں تی ہیں

✎ 주어 '뚬(تُم)'이 남성일 경우 '따(تا)'가 아니라 '떼(تے)'라는 점에 주의하자.

29

표현 따라하기 🎧 2-2

너(남성)는 파키스탄에 간다. [뚬 빠끼쓰딴꼬 자떼 호.]

تم پاکستان کو جاتے ہو۔

너(여성)는 파키스탄에 간다. [뚬 빠끼쓰딴꼬 자띠 호.]

تم پاکستان کو جاتی ہو۔

그녀는 파키스탄에서 온다. [위 빠끼쓰딴 쎄 아띠 해.]

وہ پاکستان سے آتی ہے۔

당신은 어디에 갑니까 [앞 까항 자떼 해엥?]

آپ کہاں جاتے ہیں؟

그는 호텔로 간다. [위 호텔꼬 자따 해.]

وہ ہوٹل کو جاتاہے۔

그녀가 웃는다. [위 한쓰띠 해.]

وہ ہنستی ہے۔

우리는 학교 간다. [함 이쓰꿀 자떼 해엥.]

ہم اِسکول جاتے ہیں۔

응용해서 말하기 🎧 2-3

Dialog 1 **호텔가기**

A: کیا آپ ہوٹل کوجاتے ہیں؟
B: جی ہاں، میں ہوٹل جاتا ہُوں۔
A: کیا آپ کی بیٹی ہوٹل آتی ہے؟
B: جی نہیں، میری بیٹی ہوٹل نہیں آتی۔

응용 단어 익히기

학교 اِسکول
~로부터 سے
우르두 اُردو

A : 당신은 호텔에 가십니까?
B : 네, 저는 호텔에 갑니다.
A : 당신의 딸은 호텔에 옵니까?
B : 아니요, 저희 딸은 호텔에 오지 않습니다.

Dialog 2 자리에 앉기

A: کیا یہ میری میز ہے؟

B: جی ہاں، وہ آپ کی میز ہے۔

A: کیا یہ میری کُرسی ہے؟

B: جی ہاں، وہ آپ کی کُرسی پر بیٹھی ہے۔

A : 이것이 제 책상입니까?

B : 네, 그것은 당신 책상입니다.

A : 이것은 제 의자입니까?

B : 네, 그녀가 당신 의자에 앉아 있습니다.

문장 훈련하기

다음 밑줄과 같이 답해 보세요.

A : 당신은 우르두어를 배웁니까?

A: کیا آپ اُردو سِیکھتے ہیں؟

B : 네, 저는 우르두어를 배웁니다.

B: جی ہاں، میں اُردو سِیکھتا ہُوں

A : 그녀들은 우르두어로 씁니까?

A: کیا وہ اُردو لِکھتی ہیں؟

B : 아니요, 그녀들은 우르두어로 쓰지 않습니다.

B: جی نہیں، وہ اُردو نہیں لِکھتی

کیا تُم سوتی ہو؟

جی ہاں،

کیا وہ ہنستا ہے؟

جی ہاں،

کیا وہ اُردو بولتے ہیں؟

جی نہیں ،

_____

کیا وہ پاکستان میں رہتے ہیں؟

جی نہیں،

_____

복습하기

다음 한국어를 우르두어로 말해 보세요.

1 그는 호텔에 간다.

_____

2 당신은 여기 오시나요?

_____

3 그들은 파키스탄에 갑니까?

_____

4 내 아들이 한국에 옵니다.

_____

5 당신은 게을러요.

_____

6 당신이 저를 위해 운전하십니까?

_____

7 택시 요금은 얼마입니까?

_____

8 미터 요금에 따릅니다.

_____

Lesson 03

빨리 운전해 주세요.

جلدی سے چلاؤ۔

🎧 3-1

단어와 숙어 익히기

ہوٹل	호텔
بکنگ	예약, Booking
مَسلہ	문제
جلدی سے	빨리
فِکر کرنا	걱정하다
جلد	곧
پہنچنا	도착하다
~کی مدد	~의 도움
~کا شکریہ	~에 감사하다
آپکاخیرمُقدّمہے	천만에요 : 직역하면 '당신(آپ کا)의 기쁨(خیر)이 우선(مقدّم)입니다'
کوئی بات نہیں	괜찮습니다 : 직역하면 '아무 말씀 하실 필요없습니다'
خیر	좋은 일
مُقدّم	우선함
کوئی	어떤
بات	말(씀)
بہت	많은
گرم	더운, 뜨거운
کھڑکی	창문
بند کرنا	닫다
اچھا	좋다 (Good!)
دیکھنا	보다

진수 : 호텔에 문제가 있습니다. 빨리 운전해 주세요.

[호텔 메 마쓸라 해. 잘디쎄 짤라오.]

ہوٹل میں مَسلہ ہے۔ جلدی سے چلاؤ۔

택시 : 걱정 마십시오. 우리는 곧 도착합니다.

[메리피꺼르 나 끼지에. 함 잘드 뿐쯔떼 해앵.]

مِیری فِکر نہ کیجئیے۔ ہم جلد پہنچتے ہیں۔

진수 : 당신의 도움에 감사합니다.

[앞끼 마드드 까 쓔끄리야.]

آپ کی مدد کا شکریہ۔

택시 : 천만에요. 괜찮습니다.

[앞까 ㅋ헤르 무꺼덤 해. 꼬이 바뜨 내히.]

آپ کا خیر مُقدّم ہے۔ کوئی بات نہیں۔

진수 : 파키스탄 여름은 매우 덥네요.

[빠끼쓰따니 가르미 까 모썸 보흐뜨 가름 해.]

پاکستانی گرمی کا موسم بہت گرم ہے۔

택시 : 창문을 닫으십시오. 에어컨이 있습니다.

[키르끼 반드 끼지에. 에이씨 해.]

کِھڑکی بند کیجئیے۔ A.C. ہے۔

진수 : 좋습니다.

[아차.]

اچھّا۔

택시 : 보세요, 저기 많은 사람들이 있습니다.

[데코, 와항 보흐뜨 로그 해앵.]

دیکھو ، وہاں بہت لوگ ہیں۔

오늘은 파키스탄의 날입니다, 그래서 공휴일입니다. [아즈 빠끼쓰딴 까 딘 해, 또 꼬미따띨 해.]

آج پاکستان کا دِن ہے ، تو قومی تعطیل ہے۔

진수 : 정말요? 축하합니다.

[써쯔 무쯔? 무바라끄 바드.]

سچ مُچ؟ مُبارک باد۔

33

◯ 요일과 계절

요일	발음	문자	계절	발음	문자
일요일	이뜨와르	اِتوار	봄	바하르	بہار
월요일	쏘모아르/삐르	پیر/سوموار	여름	가르미	گرمی
화요일	망갈	منگل	가을	ㅋ히장	خِزاں
수요일	부드	بُدھ	겨울	싸르마	سرما
목요일	주마라뜨	جُمعرات			
금요일	주마	جُمعہ			
토요일	하프따	ہفتہ			

لوگ 사람
آج 오늘
دن 날(日)
تو 그래서
قومی تعطیل 국가공휴일
سچ مچ 정말로!
مبارک باد 축하합니다

문법 따라잡기

1 명령문

한국어 명령문은 4가지 형태의 존댓말(하소서, 하오, 하십시오, 해요)과 3가지 형태의 낮춤말(하게, 해라, 해)이 있지만 우르두어는 3가지 형태가 쓰인다. 이 책에서는 이를 '낮춤체, 두루 높임체, 아주 높임체'로 표기하였다.

(1) 낮춤체 (해라, 해)
어린아이나 매우 가까운 사이에 쓰는 '낮춤체'는 동사의 어근만 사용된다.

⑩ 호텔로 가라. [호텔꼬 자.]
ہوٹل کو جا۔

(2) 두루 높임체 (하세요, 하게)
일상 생활에서 보편적으로 쓰이는 '두루 높임체'는 동사어근 뒤에 '오(و)'를 붙인다. 군대 같은 곳에서는 공식적인 반말이 되기도 하지만 일상에서는 친근한 높임말이다.

⑩ 호텔로 가세요. [호텔꼬 자오]
ہوٹل کو جاؤ۔

✎ 만약 동사어근이 '아'로 끝나면 '오(و)' 대신 '오(ؤ)'로 표기된다.

(3) 아주 높임체 (하소서, 하오, 하십시오)

아주 높임체는 높은 존경을 나타내는 표현으로 동사어근 뒤에 '이에(يے)'를 붙인다.

예 호텔로 가십시오. [호텔꼬 자이에.]

ہوٹل کو جائیے-

✎ 동사어근이 '아'로 끝나면 '이에(يے)' 대신 '이에(ئیے)'로 표기된다.

✎ 한국의 존댓말은 그 사람과의 위계적 관계에 따라 적용되지만 우르두어가 속한 인도유럽어족 존댓말은 위계질서의 표현이라기 보다는 상호적 존칭이다. 즉 지위에 상관없이 상호 친한 사람에게는 낮춤체를, 다소 거리감이 있는 사이에는 높임체를 쓴다. 그래서 위계질서를 나타내는 '높임체'란 표현대신 친밀함의 척도를 나타내는 '친근체'로 불러야 한다는 주장도 있다.

🔍 동사의 명령형 사례

동사원형			명령형		
의미	발음	문자표기	낮춤체 (~해라)	두루 높임체 (~하세요)	아주 높임체 (~하십시오)
오다	아나	آنا	آ	آؤ	آیئے
가다	자나	جانا	جا	جاؤ	جایئے
~을 먹다	카나	کھانا	کھا	کھاؤ	کھایئے
자다	쏘나	سونا	سو	سوو	سویے
말하다	볼르나	بولنا	بول	بولو	بولیے
걷다	짤르나	چلنا	چل	چلو	چلیے
앉다	베트나	بیٹھنا	بیٹھ	بیٹھو	بیٹھیے
~을 보다	데크나	دیکھنا	دیکھ	دیکھو	دیکھیے
~을 보내다	베즈나	بھیجنا	بھیج	بھیجو	بھیجیے
~을 쓰다	리크나	لِکھنا	لِکھ	لِکھو	لِکھیے
~을 읽다, 공부하다	빠르나	پڑھنا	پڑھ	پڑھو	پڑھیے
~을 열다	콜르나	کھولنا	کھول	کھولو	کھولیے

✎ '아주 높임체'가 불규칙적으로 변하는 동사도 있다.

아래의 '리지에' '디지에' '끼지에' '삐지에'는 별도로 기억해 두어야 한다.

동사원형			명령형		
의미	발음	문자표기	낮춤체 (~해라)	두루 높임체 (~하세요)	아주 높임체 (~하십시오)
~을 주다	데나	دینا	دے	دو	دیجیے
~을 하다	까르나	کرنا	کر	کرو	کیجئیے
~을 마시다	삐나	پینا	پی	پیو	پیجیے

2 권유 명령문 : ~ 합시다, ~하시지요

영어의 Let's처럼 우르두어에서도 '~합시다'라는 권유 명령문이 있다. 간단하게 동사어근 뒤에 '~엥(یں)'만 붙이면 된다.

㉠ 우르두어를 공부합시다.　　　　　　　　　　　　　[우르두 빠렝.]

اُردو پڑھیں۔

㉠ 학교에 갑시다.　　　　　　　　　　　　　　　　　[이쓰꿀 자엥.]

اِسکول جائیں۔

✎ 동사어근이 모음으로 끝나면 '~엥(یں)' 대신 '~엥(ئیں)'으로 표기된다.
✎ 권유명령문은 존칭명령으로도 쓰인다. 예를 들어 '자, 이제 그만하고 공부합시다'라고 말한다면 제안이기도 하지만 한편으로는 정중한 명령이기도 하기 때문이다.
✎ 오늘날에는 상기의 아주높임체보다 권유형 명령문이 더 자주 쓰인다

3 부정 명령문 : ~하지 마라, ~하지 마세요

부정명령문은 명령문 앞에 '나(نہ)'나 '마뜨(مت)'를 붙인다. 일상 회화에서는 '내히(نہیں)'를 사용하기도 한다.

㉠ 호텔로 가지 마십시오.　　　　　　　　　　　　　[호뗄 꼬 나 자이에.]

ہوٹل کو نہ جائیے۔

㉠ 호텔로 가지 마라.　　　　　　　　　　　　　　　[호뗄 꼬 마뜨 자.]

ہوٹل کو مت جا۔

④ 부정사 명령문

부드러운 표현이나 미래를 강조하는 명령으로 '부정사' 자체를 명령문으로 쓰기도 한다.

예 내일 호텔로 와요.

[깔 호뗄 꼬 아나.]

کل ہوٹل کو آنا۔

표현 따라하기

3-2

의자에 앉아라.

[꾸르씨 빠르 베트.]

کُرسی پر بیٹھ ۔

의자에 앉으세요(앉게).

[꾸르씨 빠르 베토.]

کُرسی پر بیٹھو۔

의자에 앉으십시오.

[꾸르씨 빠르 베티에.]

کُرسی پر بیٹھیے ۔

의자에 앉읍시다.

[꾸르씨 빠르 베텡.]

کُرسی پر بیٹھیں۔

파키스탄으로 오세요.

[빠끼쓰딴 꼬 아오.]

پاکستان کو آؤ۔

파키스탄으로 와.

[빠끼쓰딴 꼬 아.]

پاکستان کو آ۔

여기서 웃지 마세요.

[야항 빠르 나 한쓰오.]

یہاں پر نا ہنسو۔

그 호텔에 머물지 마.

[우쓰 호뗄 메 마트 레.]

اُس ہوٹل میں مت رہ۔

응용해서 말하기 ⌨ 3-3

Dialog 1 'How are you?'의 우르두어 표현

응용 단어 익히기

A: آپ کیسے ہیں ؟

B: میں ٹھیک ہُوں۔ شُکریہ۔

تُم کیسے ہو؟

A: میں ٹھیک ہُوں۔ شُکریہ۔

کیسے	어떻게
ٹھیک	Fine, OK
پھر	다시
مِلنا	만나다

A : 당신은 어떻게 지내십니까?

B : 나는 잘 지내네. 고맙네.
   자네는 어떤가?

A : 저는 잘 지냅니다. 감사합니다.

Dialog 2 우르두어 작별인사

A: میں جاتا ہُوں۔

B: جی ، خُدا حافظ۔

A: خُدا حافظ۔

B: پھر مِلیں گے۔

A : 나 간다.

B : 그래. 잘가.

A : 안녕.

B : 또 보자.

문장 **훈련하기**

다음 빈칸에 명령형 낮춤체, 두루 높임체, 아주 높임체를 채워 보세요.

부정사	~해라	~하세요	~하십시오
آنا	آ		آئیے
جانا	جا	جاؤ	
بولنا	بول		بولیے
چلنا	چل		چلیے
دیکھنا		دیکھو	دیکھیے
بھیجنا	بھیج	بھیجو	
لِکھنا	لِکھ		لِکھیے
پڑھنا	پڑھ		پڑھیے
کھولنا		کھولو	کھولیے
لینا	لے	لیؤ	
دینا	دے	دو	
کرنا	کر	کرو	
پینا	پی	پیو	

복습하기

다음 한국어를 우르두어로 말해 보세요.

1 걱정 마십시오.

_____

2 당신의 도움에 감사 드립니다.

_____

3 천만에요. (당신의 기쁨이 먼저입니다)

_____

4 괜찮습니다. (말씀하지 않으셔도 됩니다)

_____

5 학교 가라.

_____

6 한국으로 오세요.

_____

7 거기 가지 마세요.

_____

8 저를 위해 물을 주세요.

_____

9 또 봅시다. (다시 만나요)

_____

호텔 투숙하기

이틀 밤을 위해 방에
머물 수 있을까요?

명사의 성과 수, 후치사

کیا میں دو راتوں کے لئے رہ سکتا ہُوں؟

🎧 4-1

단어와 숙어 익히기

بکنگ	예약, booking
اور	그리고
کمرہ	방
خالی	빈, 비어있는
کتنے	얼마나
دن	날, 일
ٹھہرنا	묵다
دو	2, 둘
رات	밤
رہنا	머물다, 살다
بلکل	물론이다
اچّھا	좋다, good
ناشتا	아침식사
شامل	포함
کیسے	어떻게
پَیسے	돈
سامان	짐
لانا	가져오다

진수 : 제 예약이 있습니다. 제 이름은 진수입니다.
[메리 북킹해. 메라남 진수 해.]

میری بکنگ ہے، میرا نام جِن سُو ہے۔

호텔 : 더블룸인가요, 아니면 싱글룸인가요?
[꺄 더블까므라 야 씬글까므라 해?]

کیا ڈبل کمرہ یا سِنگل کمرہ ہے؟

진수 : 싱글룸입니다. 비어 있는 싱글룸들이 있습니까?
[씬글까므라 해. 꺄 앞께 빠쓰 씬글 까므레 ㅋ할리 해엥?]

سِنگل کمرہ ہے۔ کیا آپ کے پاس سِنگل کمرے خالی ہیں؟

호텔 : 며칠간 묵으십니까?
[앞 끼뜨네 딘 테흐르떼 해엥?]

آپ کتنے دن ٹھہرتے ہیں؟

진수 : 이틀밤을 위해 머물수 있을까요?
[꺄 메 도 라똥 껠리에 뤠 싸끄따 훙?]

کیا میں دو راتوں کے لئے رہ سکتا ہُوں؟

호텔 : 물론입니다.
[빌꿀.]

بِالکل۔

진수 : 좋네요, 아침식사는 포함되나요?
[아차, 나쉬따 샤밀 해?]

اچّھا، ناشتا شامل ہے؟

호텔 : 네, 지불은 어떻게 하시나요?
[지 하, 께쎄 빼쎄 데테 해엥?]

جی ہاں، کیسے پیسے دیتے ہیں؟

진수 : 신용카드로요.
[끄레디뜨 까르드 쎄.]

کریڈٹ کارڈ سے۔

호텔 : 이것이 당신 짐입니까?
[꺄 에 앞까 싸만 해?]

کیا یہ آپ کا سامان ہے؟

진수 : 네, 제 방에 가져와 주십시오.
[지 하, 메레 까므레 메 라이에.]

جی ہاں، میرے کمرے میں لائیں۔

41

'싸끄나(سكنا)'는 조동사로 동사어근 뒤에 쓰이면 '(동사) 할수 있다'란 뜻이 된다.

주어의 성에 따른 어형 변형은 아래와 같다.

주어	형태	문자표기	주어	형태	문자표기
(남성/여성) میں	싸끄따/ 싸끄띠	سكتا / سكتی	(남성/여성) ہم	싸끄떼/ 싸끄띠	سکتے / سکتی
(남성/여성) تُم (남성/여성) آپ	싸끄떼/ 싸끄띠 싸끄떼/ 싸끄띠	سكتے / سکتی سکتے / سکتی	(남성/여성) تُم (남성/여성) آپ	싸끄떼/ 싸끄띠 싸끄떼/ 싸끄띠	سکتے / سکتی سکتے / سکتی
(남성/여성) وہ	싸끄따/ 싸끄띠	سكتا / سكتی	(남성/여성) وہ	싸끄떼/ 싸끄띠	سکتے / سکتی

예 나는 할 수 있다.

[메 까르 싸끄따 훙.]

میں کر سکتا ہُوں۔

문법 따라잡기

1 명사의 성

앞서 배운 대로 우르두어 동사는 주어의 인칭과 성에 따라서 변한다. 따라서 우르두어를 말하기 위해서는 주어의 성별을 구별해야만 한다. 주어가 사람이나 동물일 경우 해당하는 성별에 따라 적용하면 그만이지만 사물일 경우에는 이것이 애매하다. 그래서 우르두어는 명사를 암기할 때 그 명사의 성별까지 함께 외어야 한다.

○ 남성명사와 여성명사

남성명사	발음	문자	여성명사	발음	문자
숫캐	꾸따	کُتّا	암캐	꾸띠	کُتّی
숫말	고라	گھوڑا	암말	고리	گھوڑی
숫염소	바끄라	بکرا	암염소	바끄리	بکری
숫탉	무르가	مُرغا	암탉	무르기	مُرغی

소년	라르까	لڑکا	소녀	라르끼	لڑکی
아들	베따	بیٹا	딸	베띠	بیٹی
봉투	리파파	لِفافہ	편지	찌티	چِٹّھی
달걀	안다	انڈہ	아내	비위	بیوی
방	까므라	کمرہ	의자	꾸르씨	کُرسی
자물쇠	딸라	تالا	열쇠	짜비	چابی
천, 옷	까쁘라	کپڑا	모자	또삐	ٹوپی
문	다르와자	دروازہ	창문	키르끼	کھِڑکی

✎ 위 표에서처럼 보통, 남성명사는 끝모음이 '아(ا 또는 ہ)'이고 여성명사는 '이(ی)'로 끝남을 기억해 두자. 단, 예외적인 단어도 있으니 별도로 암기해야 한다.

⌕ 예외적인 남성명사와 여성명사

남성명사	발음	문자	여성명사	발음	문자
남성	아드미	آدمی	여성	아오러뜨	عَورت
집	가르	گھر	상점	두깐	دُکان
선생님	우쓰따드	اُستاد	여선생님	우쓰따니	اُستانی
사무실	더프떠르	دفتر	책	끼따브	کِتاب
이름	남	نام	책상	메즈	میز
물	빠니	پانی	비	바리쒸	بارِش
형, 동생	바이	بھائی	누이	베헨	بہن
남편	쇼헤르	شوبر	전쟁	잔그	جنگ
도시	셰헤르	شہر	밤	라뜨	رات

43

2 명사의 복수형

명사의 복수형을 만들 때는 아래 규칙을 따른다.

(1) 남성명사 : '아'로 끝난 남성명사는 '에(ے)'로 바꾸고 그 외는 단수와 동일하다.

예 방 : 까므라(کمرہ) / 방들 : 까므레(کمرے)

예 남자 : 아드미(آدمی) / 남자들 : 아드미(آدمی)

(2) 여성명사 : '이'로 끝난 여성명사는 뒤에 '앙(اں)'을 붙이고 그 외는 '엥(یں)'을 붙인다.

예 소녀 : 라르끼(لڑکی) / 소녀들 : 라르끼앙(لڑکیاں)

예 책 : 끼따브(کتاب) / 책들 : 끼따벵(کتابیں)

3 후치사

(1) 많이 쓰는 후치사

영어에는 전치사가 있다. 반면에 우르두어는 후치사가 있다. 전치사, 후치사는 우리말의 조사와 유사하며 영어는 명사나 대명사 앞에 붙어 전치사, 우르두어는 뒤에 붙어 후치사라고 부른다. 그러나 우르두어는 주격조사(~이/가)나 목적격조사(~을/를)가 없어 후치사를 우리말 '조사'라고 보기에는 어려움이 있다. 게다가 주로 장소나 시간, 방법 같은 부사구에 쓰이기에 이 책에서도 '조사'가 아닌 그냥 '후치사'로 부르기로 한다.

Q. 대표적인 후치사

의미	발음	문자	의미	발음	문자
~에게, ~로(to)	꼬	کو	~에(in)	메	میں
~부터(from)	쎄	سے	~에서(on, at)	빠르	پر
~의(of)	께(까/끼)	کے	~까지(upto)	딱	تک

예 너를 위해 상점으로부터 편지를 가져와라.　　　[뚬하렐리에 두깐 쎄 찌티 라오.]

تُمہارےلئے دکان سے چِٹّھی لاؤ۔

예 책상위에 모자를 놓아라.　　　[메즈 빠르 또삐 라코.]

میز پر ٹوپی رکھو۔

가장 많이 사용되는 후치사 '꼬(کو)'는 요일에도 사용된다. 그러나 사람에게 오고 간다는 의미로 쓸 때는 '꼬(کو)' 대신 '께 빠쓰(کے پاس)'를 사용한다는 점도 기억하자.

例 선생님이 금요일에는 나에게 오신다. [우쓰따드 주마 꼬 메레 빠쓰 아떼 해엥.]

اُستاد جمعہ کو میرے پاس آتے ہیں۔

例 나는 의사에게 간다. [메 딱떠르 께 빠쓰 자따 훙.]

میں ڈاکٹر کے پاس جاتا ہُوں۔

(2) 후치사에 의한 명사 변화

후치사를 만나면 명사는 성과 수에 따라 아래와 같이 변한다.

① '아'로 끝난 남성 단수명사는 후치사를 만나면 '에'로 바뀐다.

例 방에 : 까므라(کمرہ) + 메(میں) → 까므레 메(کمرے میں)

例 소년에게 : 라르까(لڑکا) + 꼬(کو) → 라르께 꼬(لڑکے کو)

例 남자에게 : 아드미(آدمی) + 꼬(کو) → 아드미 꼬(آدمی کو) : '아'로 안 끝나 변화없음

② 여성 단수명사는 후치사를 만나도 변하지 않는다.

例 소녀에게 : 라르끼(لڑکی) + 꼬(کو) → 라르끼 꼬(لڑکی کو)

例 여자에게 : 아오러뜨(عورت) + 꼬(کو) → 아오러뜨 꼬(عورت کو)

③ '에'로 끝난 남성 복수명사가 후치사와 만나면 '에'가 '옹(وں)'으로 바뀐다. '에'로 안 끝난 남성 복수명사는 변화없이 뒤에 '옹'만 붙인다.

例 방들 에게 : 까므레(کمرے) + 메(میں) → 까므롱 메(کمروں میں)

例 소년들 에게 : 라르께(لڑکے) + 꼬(کو) → 라르꽁 꼬(لڑکوں کو)

例 남자들 에게 : 아드미(آدمی) + 꼬(کو) → 아드미옹 꼬(آدمیوں کو)

④ 여성 복수명사는 후치사를 만나면 복수형 어미 앙(اں)/엥(یں)이 옹(وں)으로 바뀐다.

例 소녀들 에게 : 라르끼양(لڑکیاں) + 꼬(کو) → 라르끼옹 꼬(لڑکیوں کو)

例 테이블들 위에 : 메즈엥(میزیں) + 빠르(پر) → 메즈옹 빠르(میزوں پر)

例 여자들 에게 : 아오러뗑(عورتیں) + 꼬(کو) → 아오러똥 꼬(عورتوں کو)

(3) 후치사에 의한 대명사 변화

대명사도 후치사를 만나면 변한다. '메(میں)'는 '무즈(مجھ)'로 단수형 '워(وہ)'는 '우쓰(اُس)'
복수형은 '운(اُن)'이다.

예 그것 안에 뭐가 있지?

[우쓰 메 끼야 해?]

اُس میں کیا ہے؟

[표현 따라하기]🎧 4-2

1 명사의 복수형

소년들이 온다.

[라르께 아떼 해엥.]

لڑکے آتے ہیں۔

우리는 남자들이다.

[함 아드미 해엥.]

ہم آدمی ہیں۔

저것들은 의자들이다.

[워 꾸르씨앙 해엥.]

وہ کُرسیاں ہیں۔

여자들이 간다.

[아오러뗑 자띠 해엥]

عَورتیں جاتی ہیں۔

---

2 후치사 사용

책상위에 모자를 놓으세요.

[메즈 빠르 또삐 락코.]

میز پر ٹوپی رکھو۔

여기서부터 저기까지 갑시다.

[야항 쎄 와항 딱 자엥.]

یہاں سے وہا ں تک جائیں۔

방에 소녀들이 있다.

[까므레 메 라르끼앙 해엥.]

کمرے میں لڑکیاں ہیں۔

저는 2박을 위해 2방에 묵겠습니다.

[메 도 라똥 껠리에 도 까므롱 메 테헤르따 훙.]

میں دو راتوں کےلئے دو کمروں میں ٹھہر تا ہُوں۔

응용해서 말하기

Dialog 1 장소 묻기

A: عَورتیں کہاں ہیں؟

B: عَورتیں کمرے میں ہیں۔

A: کیا وہ ایک کمرےمیں ہیں؟

B: جی نہیں ، وہ دو کمروں میں ہیں۔

A : 여자들은 어디에 있습니까?

B : 여자들은 방에 있습니다.

A : 그녀들은 한 방에 있습니까?

B : 아니요, 그들은 두 방에 있습니다.

Dialog 2 구체적으로 위치 묻기

A: کیا ایک میز پر لڑکے ہیں؟

B: جی نہیں، لڑکے تین میز وں پرہیں۔

A: کیا لڑکیاں کُرسیوں پر ہیں؟

B: جی ہاں، لڑکیاں کُرسیوں پر ہیں۔

A : 한 책상 위에 소년들이 있습니까?

B : 아니요, 소년들은 세 책상들 위에 있습니다.

A : 소녀들은 의자들 위에 있습니까?

B : 네. 소녀들은 의자들 위에 있습니다.

LESSON **04**

문장 훈련하기

다음 밑줄과 같이 답해 보세요.

A : 책상들 위에 의자들이 있습니까?

B : 네, 책상들 위해 의자들이 있습니다.

A : 이것은 하나의 의자 입니까?

B : 아니요, 이것은 두개의 의자입니다.

A: کیا میزوں پر کُرسیاں ہیں؟

B: جی ہاں ، میزوں پر کُرسیاں ہیں۔

A: کیا یہ ایک کُرسی ہے؟

B: جی نہیں، یہ دو کُرسیاں ہیں۔

کیا کُرسیاں پر آدمی ہے؟
جی ہاں،

کیا کمرے میں عَورتیں ہیں؟
جی ہا ں،

کیا وہ ایک لڑکی ہے؟
جی نہیں ،

کیا یہ ایک کمرہ ہے؟
جی نہیں ،

48

복습하기

다음 한국어를 우르두어로 말해 보세요.

1 저 방에 한 명의 형과 두 명의 누이가 있다.

_____

2 내 아들들을 위해서 책상들과 의자들을 주십시오.

_____

3 두 방 안에 남자들과 여자들이 있다.

_____

4 소녀들은 의자들 위에 있다.

_____

5 한 소녀와 두 소년에게 두 방을 주세요.

_____

6 하룻밤을 위해서는 이 방, 또는 이틀밤을 위해서는 저 방에서 묵읍시다.

_____

Lesson 05

룸서비스 받기

저는 따듯한 차와
시원한 물이 필요합니다.

مُجھے گرم چائے اور ٹھنڈا پانی چاہیے -

🎧 5-1

		단어와 숙어 익히기

진수 : 실례합니다. [무제 무아프 끼지에,]

مُجھے مُعاف کیجئے -

이 시간에 룸서비스 가능합니까? [꺄 이쓰 와끄뜨 메 까므레 메 ㅋ히드머뜨 뭄낀 해?]

کیا اِس وقت میں کمرے میں خِدمت مُمکن ہے؟

호텔 : 부디, 방번호를 말씀해 주십시오. [메헤르바니 까르께, 까므라 넘버르 바따이에.]

مہربانی کرکے، کمرہ نمبر بتائیے -

진수 : 제 방번호는 10번입니다. [메라 까므라 넘버르 다쓰 해.]

میرا کمرہ نمبر دس ہے -

저는 따듯한 차와 시원한 물이 필요합니다. [무제 가름짜에 아오르 탄다빠니 짜히에.]

مُجھے گرم چائے اور ٹھنڈا پانی چاہیے -

호텔 : 알겠습니다. (OK) [틱 해.]

ٹھیک ہے -

진수 : 그리고 내일 아침 모닝콜이 필요합니다. [아오르 무제 깔 수바 메 웨이크-업 콜 짜히에.]

اور مُجھے کل صبح میں wake-up call چاہیے -

호텔 : 제가 몇시에 전화 드릴까요? [메 끼쓰 와끄뜨 메 폰 까룽?]

میں کس وقت میں فون کرُوں؟

진수 : 몇 시부터 아침식사를 먹을 수 있나요? [끼쓰 와끄뜨 쎄 나쉬따 카 싸끄따 훙?]

کس وقت سے ناشتا کھا سکتا ہُوں؟

호텔 : 8시부터 10시까지 입니다. [아트 버제 쎄 다스 버제 딱.]

آٹھ بجے سے دس بجے تک -

مُعاف کیجئے	실례합니다 (Excuse me)
وقت	시간
کمرے کی خدمت	룸서비스 (영어 그대로 사용해도 된다)
مُمکن	가능한
مہربانی کرکے	부디 (Please)
بتانا	말하다
دس	10, 열
گرم	따듯한
چائے	차
ٹھنڈا	시원한
پانی	물
چاہیے	필요하다
ٹھیک ہے	좋다 (OK)
کل	내일, 어제
صبح	아침
کس وقت میں	몇 시에
فون کرنا	전화하다
کھانا	먹다
سکنا	~할 수 있다
بجے	몇시 몇분의 시(時)
اچّھا	좋다 (Good)
سات	7, 일곱
آٹھ	8, 여덟

진수 : 좋습니다, 7시에 전화 주세요.

[아차, 사뜨 버제 폰 끼지에.]

اچّھا، سات بجے فون کیجئیے ۔

우르두어에서는 어제와 내일, 그제와 모레가 동일하게 깔(کل)과 빠르송(پرسوں)이다. 동사의 시제로 구별한다.

◯ 시점 표현

의미	발음	문자	의미	발음	문자
오늘	아즈	آج	아침	수바	صبح
어제	깔	کل	정오	도쁘헤르	دوپہر
그제	빠르송	پرسوں	점심	싸쁘헤르	سہ پہر
내일	깔	کل	저녁	샴	شام
모레	빠르송	پرسوں	밤	라뜨	رات
새벽	퍼저르	فجر	한밤중	아디 라뜨	آدھی رات

문법 따라잡기

① '짜히에' 동사

우르두어 초보자에게 현지에서 가장 필요한 단어 하나만 들라면 바로 '짜히에(چاہیے)'이다. 짜히에는 '반드시 필요하다'라는 뜻으로 '간절히 원한다'는 의미로도 많이 사용된다.

예를 들면 '택시를 원합니다'는 '택씨 짜히에', '방을 원합니다'는 '룸 짜히에' 등이다.
부정사도 목적어로 사용할 수 있다.

예 저는 물을 마셔야 합니다.

[무제 빠니 삐나 짜히에.]

مُجھے پانی پینا چاہیے ۔

예 저는 가야 합니다.

[무제 자나 짜히에.]

مُجھے جانا چاہیے ۔

51

한 가지 주의할 점은 짜히에(بِيے)는 위에서처럼 주어 자리에 주격인 '메(나는)'를 쓰지 않고 목적격인 '무제(나에게)'를 사용한다. '무제(مُجھے)'는 '메(مِیں)'의 목적격 '무즈(مُجھ)'가 후치사 '꼬'를 만나 변형된 것으로 '무즈 꼬(مُجھ کو)'와 같은 의미이다.

따라서 짜히에(بِيے)를 사용하기 위해서 '인칭대명사 + 꼬'의 변형도 알아두어야 한다.

주격	목적격 + 꼬	문자	주격	목적격 + 꼬	문자
메	무제(=무즈 꼬)	مُجھے	함	함엔(=함 꼬)	ہمیں
뚬 아쁘	뚬헨(=뚬 꼬) 앞 꼬	تُمہیں آپ کو	뚬 아쁘	뚬헨(=뚬 꼬) 앞 꼬	تُمہیں آپ کو
워	우쎄(=우쓰 꼬)	اُسے	운	운헨(=운 꼬)	اُنہیں

짜히에(بِيے) 처럼 '목적격 + 꼬'가 주어처럼 사용되는 표현들이 더 있으니 함께 기억해 두자.

Q. '목적격 + 꼬'를 주어처럼 쓰는 표현들

의미	발음	문자
필요하다, 원한다	짜히에	چاہیے
해야만 한다	빠르따 해	پڑتا ہے
좋아하다	뻐싼드 해	پسند ہے
(사물)을 안다	말룸 해	معلُوم ہے
(방법)을 안다	아따(띠) 해	آتا ہے
받다, 얻다	밀따(띠) 해	ملتا ہے

🔖 나는 커피를 좋아한다.　　　　　　　　　　　[무제 커피 뻐싼드 해.]

مُجھے کافی پسند ہے۔

너는 내 사무실을 아니?　　　　　　　　　[꺄 뚬헨 메라 더프떠르 말룸 해?]

کیا تُمہیں میرا دفتر معلُوم ہے؟

그는 수영할 줄 안다.　　　　　　　　　　[우쓰꼬 떼르나 아따 해.]

اُس کوتیرنا آتا ہے۔

당신은 상 하나를 받습니다.　　　　　　　[앞꼬 에끄 이남 밀따 해.]

آپ کو ایک اِنعام ملتاہے۔

'~을 안다'는 의미의 또 다른 동사로 '잔나'가 있다. 이 동사는 주어 자리에 '목적격 + 꼬' 가 아니라 주격이 오며 목적어로 사람과 사물 모두 올 수 있다.

<blockquote>
예 나는 알리를 안다. [메 알리 꼬 잔따 훙.]
</blockquote>

میں علی کوجانتا ہُوں۔

'밀나'가 '만나다'라는 뜻으로 쓰일 때는 주어 자리에 주격이 온다.

<blockquote>
예 나는 그를 만난다. [메 우쓰 쎄 밀따 훙.]
</blockquote>

میں اُس سے ِملتا ہُوں۔

'짜히에'는 '필요'의 의미로 절실히 원함을 나타낸다. 만약 단순 '바람'의 의미로 가볍게 말하고 싶으면 '짜흐나(چاہنا)'동사를 사용할 수 있다. 짜흐나동사는 주어 자리에 주격이 온다.

<blockquote>
예 저는 시원한 물을 마시고 싶습니다. [메 탄다 빠니 삐나 짜흐따 훙.]
</blockquote>

میں ٹھنڈا پانی چاہتا ہُوں۔

<blockquote>
예 저는 시원한 물 마시기를 (절실히) 원합니다. [무제 탄다 빠니 삐나 짜히에.]
</blockquote>

مُجھے ٹھنڈا پانی پینا چاہیے۔

2 형용사

형용사는 사물의 성질이나 상태를 나타내는 품사이다.
형용사는 문장에서 서술적 용법과 한정적 용법으로 사용된다.

(1) 형용사의 서술적 용법

서술적 용법은 앞서 설명한 대로 호나동사와 결합하여 서술어처럼 쓰인다.
실제로는 문장에서 보어지만 호나동사와 함께 쓰여 의미상 '~하다'라는 뜻이 된다.

<blockquote>
예 그는 뚱뚱하다. (주어 + 형용사보어 + 술어) [워 모따 해.]
</blockquote>

وہ موٹا ہے۔

<blockquote>
나는 착하다. (주어 + 형용사보어 + 술어) [메 아차 훙.]
</blockquote>

میں اچّھا ہُوں۔

(2) 형용사의 한정적 용법

한정적 용법은 형용사가 명사를 수식하는 기능을 말한다.
우르두어에서도 형용사는 명사 앞에 위치해 명사의 성질이나 상태를 설명한다.

예 뚱뚱한 소년

[모따 라르까]

موٹا لڑکا

착한 남자

[아차 아드미]

اچھّا آدمی

Q. 자주 쓰는 형용사

의미	발음	문자	의미	발음	문자
좋은	아차	اچھّا	나쁜(성질이) 나쁜(상태가)	부라 ㅋ허라브	بُرا خراب
큰	버라	بڑا	작은	초따	چھوٹا
날씬한	두블라	دُبلا	뚱뚱한	모따	موٹا
비싼	맹가	مہنگا	싼	싸스따	سستا
새로운	내아	نیا	오래된	뿌라나	پُرانا
부지런한	미헨띠	مِحنتی	게으른	쑤쓰뜨	سُست
밝은	로쉰	روشن	어두운	안데라	اندھیرا
많은	보흐뜨	بہت	적은	토라	تھوڑا
깨끗한	싸프	صاف	더러운	간다	گندا
진실한	싸쯔	سَچ	거짓의	주뜨	جھوٹ
건강한	쎄흐뜨만드	صحت مند	아픈	비마르	بیمار
예쁜	ㅋ훕 쏘러뜨	خُوب صورت	못생긴	바드 쏘러뜨	بدصورت
강한	머즈부뜨	مضبوط	약한	깜조르	کمزور
정직한	이만다르	ایماندار	부정직한	베이만	بےایمان
단단한	싸ㅋ흐뜨	سخت	부드러운	나름	نرم
현명한	아끌만드	عقل مند	미련한	베와꼬프	بیوقوف
쉬운	아싼	آسان	어려운	무쉬낄	مُشکِل
젖은	길라	گِیلا	마른	쑤카	سُوکھا
넓은	쪼라	چوڑا	좁은	딴그	تنگ
시끄러운	쇼르	شور	조용한	ㅋ하모쉬	خاموش
깊은	게헤라	گہرا	얕은	우탈라	اُتھلا

(3) 명사의 성과 수에 따른 형용사 변화

우르두어에서는 형용사도 수식하는 명사의 성과 수에 따라 어미가 변한다.

① 남성명사 수식

'아' 발음으로 끝난 형용사는 남성명사 복수나 후치사를 만나면 '에'로 변한다.

- 예 큰 숫염소 (단수)

  [버라 바끄라]

  بڑا بکرا

  큰 숫염소들 (복수)

  [버레 바끄레]

  بڑے بکرے

  큰 숫염소에게 (단수 + 후치사)

  [버레 바끄레 꼬]

  بڑے بکرےکو

  큰 숫염소들에게 (복수 + 후치사)

  [버레 바끄롱 꼬]

  بڑے بکر وں کو

② 여성명사 수식

'아'로 끝나는 형용사는 여성명사를 꾸며주면 단수든 복수든 '이'로 변하며 후치사를 만나도 동일하다.

- 예 큰 암염소 (단수)

  [버리 바끄리]

  بڑی بکری

  큰 암염소들 (복수)

  [버리 바끄리양]

  بڑ ی بکریاں

  큰 암염소에게 (단수 + 후치사)

  [버리 바끄리 꼬]

  بڑی بکری کو

  큰 암염소들에게 (복수 + 후치사)

  [버리 바끄리옹 꼬]

  بڑی بکریوں کو

'아'로 끝나지 않는 형용사는 성과 수, 후치사와 상관없이 동일하다.

- 예 아픈 소년들에게

  [비마르 라르꽁 꼬]

  بیمار لڑکوں کو

  아픈 소녀들에게

  [비마르 라르끼옹 꼬]

  بیمار لڑکیوں کو

표현 **따라하기** ⬡⬡⬡⬡ 🎧 5-2

① 명사의 성과 수에 따른 형용사 변화

작은 소년이 작은 의자에 있다.   [초따 라르까 초띠 꾸르씨 빠르 해.]

چھوٹا لڑکا چھوٹی کُرسی پر ہے ۔

나는 아침에 큰 달걀을 먹는다.   [메 수바 메 버라 안다 카따 훙.]

میں صبح میں بڑا انڈھ کھاتا ہُوں۔

그는 착한 소년이고 그녀는 착한 소녀다.   [워 아차 라르까 해 아오르 워 아치 라르끼 해.]

وہ اچّھا لڑکا ہے اور وہ اچّھی لڑکی ہے۔

그녀는 날씬하지만 그녀의 오빠는 날씬하지 않다.   [워 두블리 해 레낀 우쓰까 바이 두블라 내히.]

وہ دُبلی ہے لیکن اُس کا بھائی دُبلانہیں۔

② 후치사가 있는 명사를 꾸며주는 형용사 변화

어두운 방에 한 고양이가 있다.   [안데레 까므레 메 에끄 빌리 해.]

اندھیرے کمرے میں ایک بِلّی ہے۔

좋은 암말들에게 물을 주세요.   [아치 고리옹 꼬 빠니 도.]

اچّھی گھوڑیوں کو پانی دو۔

좋은 숫말들에게 물을 주세요.   [아체 고롱 꼬 빠니 도.]

اچّھے گھوڑوں کو پانی دو۔

큰 개가 작은 방안에 있다.   [버라 구따 초떼 까므레 메 해.]

بڑا کُتّاچھوٹے کمرے میں ہے۔

응용해서 말하기 ⊠

🎧 5-3

Dialog 1 아내 소개하기

A: کیا آپ کی بیوی اچّھی ہے؟
B: جی باں،   میری بیوی اچّھی ہے۔
A: کیا آپ کی بیوی موٹی عَورت ہے؟
B: جی نہیں،   میری بیوی دُبلی عَورت ہے۔

A : 당신의 아내는 착합니까?

B : 네, 제 아내는 착합니다.

A : 당신의 아내는 뚱뚱한 여자입니까?

B : 아니요, 제 아내는 날씬한 여자입니다.

Dialog 2 애완견 말하기

A: کیا آپ کے گھرمیں بڑا کُتّا ہے؟
B: جی باں،   میرے گھر میں بڑا کُتّا ہے۔
A: آپ کا کُتّا صحت مند ہے؟
B: جی نہیں، میرا کُتّا صحت مند نہیں۔

A : 당신 집에 큰 개가 있습니까?

B : 네, 저희 집에 큰 개가 있습니다.

A : 당신의 개는 건강합니까?

B : 아니요, 제 개는 건강하지 않습니다.

문장 훈련하기 ╳╳╳

다음 밑줄과 같이 답해 보세요.

A : 어떤 말들이 아픕니까?

A: کونسے گھوڑے بیمار ہیں؟

B : 나의 큰 숫말이 아픕니다.

B: میرا بڑا گھوڑا بیمار ہے۔

_____ بیمار ہے۔
(나의 작은 암말이)

کونسے گھوڑے بیمار ہیں؟

_____ بیمار ہیں۔
(나의 큰 암말들이)

کونسے گھوڑے بیمار ہیں؟

_____ بیمار ہیں۔
(나의 큰 숫말들이)

کونسے گھوڑے بیمار ہیں؟

복습하기

다음 한국어를 우르두어로 말해 보세요.

1 그는 게으른 소년이다.

_____

2 우리는 강한 남자들이다.

_____

3 그녀들은 아름다운 여자들이다.

_____

4 약한 사람에게 일을 주지 마세요.

_____

5 못생긴 남자들에게 예쁜 여자들이 좋다.

_____

6 정직한 여성들은 부정직한 남성들을 원하지 않는다.

_____

식당에서 주문하기   그것들보다 더 맛있는 음식을 추천해 주세요.

اُن سے اور مزے دار کھانے کی سِفارش کیجئیے۔

🎧 6-1

웨이터 : 주문하시겠습니까?(당신의 주문은 무엇입니까?)   [압 까 꺄 ㅎ허껌 해?]

آپ کا کیا حکم ہے؟

진수 : 메뉴를 보여주세요.   [카농 끼 페헤르쓰뜨 디카오.]

کھانوں کی فہرست دکھاؤ۔

웨이터 : 어떤 음식을 좋아하십니까?   [압 꼬 꼰싸 카나 빠싼드 해?]

آپ کو کون سا کھانا پسند ہے؟

진수 : 어떤 음식이 있습니까?   [압 께 빠쓰 꼰쎄 카네 해엥?]

آپ کے پاس کون سے کھانے ہیں؟

웨이터 : 독일과 영국 음식들이 있습니다.   [저러머니 까 아오르 버르따니야 까 카네 해엥.]

جرمنی کا اور برطانیہ کا کھانے ہیں۔

진수 : 그것들보다 더 맛있는 음식을 추천해 주십시오.   [운 쎄 아오르 머제다르 카네 끼 씨파러쉬 끼지에.]

اُن سے اور مزے دار کھانےکی سِفارش کیجئیے ۔

웨이터 : 파키스탄 커라히를 준비할까요?   [메 빠끼쓰따니 커라히 띠야르 까룽?]

میں پاکستانی کڑاہی تیار کرُوں؟

진수 : 좋습니다, 로띠 두 개도 함께요.   [틱 해, 도 로띠 께 싸트.]

ٹھیک ہے، دو روٹی کےساتھ ۔

웨이터 : 혹시, 비르야니도 가져올까요?   [샤이드, 메 버리야니 비 라웅?]

شاید، میں بِریانی بھی لاُوں؟

진수 : 네, 가장 매운 비르야니를 가져오세요   [지, 써브 쎄 떼즈 버리야니 라오.]

جی، سب سے تیز بِریانی لاو۔

단어와 숙어 익히기

حکم	주문, 명령
دکھانا	보여주다
کے پاس	~가지고 있다
کھانوں کی فہرست	'음식 카테고리'란 뜻으로 '메뉴'다. 그냥 '메뉴'라고 말해도 알아 듣는다.
جرمنی	독일
برطانیہ	영국
کون سا/ی/سے	어느, 어떤
کھانا	음식
مزے دار	맛있는
سفارش کرنا	추천하다
تیار کرنا	준비하다
تیز	매운
کے ساتھ	~와 함께
کڑاہی	커라히, 고기와 야채를 다양한 향신료와 함께 볶거나 쪄낸 음식
روٹی	로띠, 통밀을 넓게 펴서 구워낸 파키스탄식 빵, 커라히 등에 찍어 먹는다.
بریانی	비르야니(버리야니로 발음함) 대표적인 파키스탄식 볶음밥

우르두어 숫자

우르두어는 각 숫자마다 개별적 이름이 있어 모두 외우기가 쉽지 않다.
많이 쓰는 숫자는 익혀두기를 권하지만 이마저 어렵다면 영어로 해도 어느 정도 통한다.

숫자	발음	표기	숫자	발음	표기
1	에끄	ایک	26	처비쓰	چھبیس
2	도	دو	27	써따이쓰	ستایس
3	띤	تین	28	아타이쓰	اٹھائیس
4	짜르	چار	29	운띠스	اُنتیس
5	빤츠	پانچ	30	띠스	تیس
6	체	چھ	31	이끄띠쓰	اکتیس
7	싸뜨	سات	32	바띠쓰	بتیس
8	아트	آٹھ	33	띤띠쓰	تینتیس
9	노	نو	34	쩐띠쓰	چونتیس
10	다쓰	دس	35	뻰띠쓰	پنتیس
11	기야라	گیارہ	36	처띠쓰	چھتیس
12	바라	بارہ	37	쎈띠쓰	سینتیس
13	떼라	تیرہ	38	아르띠쓰	اڑتیس
14	쪼다	چودہ	39	운딸리쓰	اُنتا لیس
15	빤드라	پندرہ	40	짤리쓰	چالیس
16	쏠라	سولہ	41	이끄딸리쓰	اکتا لیس
17	써떠라	سترہ	42	비얄리쓰	بیا لیس
18	아타라	اٹھارہ	43	띤딸리쓰	تینتالیس
19	운니쓰	اُنّیس	44	쪼왈리쓰	چوالیس
20	비쓰	بیس	45	뻰딸리쓰	پنیتا لیس
21	에끼쓰	اکیس	46	치얄리쓰	چھیا لیس
22	바이쓰	بائیس	47	쎈딸리쓰	سنتالیس
23	떼이쓰	تئیس	48	아르딸리쓰	اڑتالیس
24	쪼비스	چوبیس	49	운짜쓰	اُنچاس
25	뻐찌쓰	پچیس	50	뻐짜쓰	پچاس

51	이까완	اِكاون	76	처허떠르	چھِہتر
52	바완	باون	77	써떠떠르	ستتر
53	띠리빤	تِرِپِن	78	아트떠르	اٹھتر
54	쪼완	چَوّن	79	우나씨	اُناسی
55	빠쩌빤	پچپِن	80	아씨	اسی
56	처빤	چھپَّن	81	이끄끼아씨	اکیاسی
57	써따완	ستاون	82	비야시	بیاسی
58	아따완	اٹھاون	83	띠레씨	تِراسی
59	운써트	اُنسٹھ	84	쪼라씨	چوراسی
60	싸트	ساٹھ	85	뻐짜씨	پچاسی
61	이끄써트	اکسٹھ	86	치야씨	چھیاسی
62	바써트	باسٹھ	87	쓰따씨	ستاسی
63	띠레써트	تِرسٹھ	88	아타씨	اٹھاسی
64	쫀써트	چونسٹھ	89	노아씨	نواسی
65	뻰써트	پینسٹھ	90	노베	نوّے
66	치야써트	چھیاسٹھ	91	이깐베	اِکانوے
67	써르써트	سڑسٹھ	92	반베	بانوے
68	아르써트	اڑسٹھ	93	띠란베	تِرانوے
69	운허떠르	اُنہتر	94	쪼란베	چورانوے
70	써떠르	ستر	95	삐짜느베베	پِچانوے
71	이끄떠르	اکہتر	96	치얀베	چھیانوے
72	바허떠르	بہتر	97	싸딴베	ستانوے
73	띠허떠르	تِہتر	98	아탄베	اٹھانوے
74	쪼허떠르	چوبتر	99	너난베	ننانوے
75	빠쩌떠르	پچتر	100	쏘	سو

✎ 1,000 : 에끄 하자르 (ایک ہزار)
10,000 : 다쓰 하자르 (دس ہزار)
100,000 : 에끄 락 (ایک لاکھ)
10,000,000 : 에끄 크롤 (ایک کروڑ)

문법 따라잡기

1 형용사의 비교급

형용사의 비교급은 '더 ~하다'라는 뜻으로 사용된다. 형태는 '그리고'라는 뜻을 가진 '아오르(اور)'나 '자다(زیادہ)'를 비교급으로 사용한다. 이때 '아오르(اور)'의 뜻은 '그리고'가 아니라 '더욱 ~한'이 된다.

예 나는 착하다 그러나 그녀가 더 착하다.   [메 아차 훙 레킨 워 아오르 아치 해.]

میں اچّھا ہُوں لیکن وہ اور اچّھی ہے۔

두 명사를 한 문장에서 비교할 때는 '~보다'라는 의미로 후치사 '쎄(سے)'를 사용한다.
이때, 아오르(اور)가 생략되기도 한다.

예 개가 고양이보다 더 크다.   [꾸따 빌리 쎄 버라 해.]

گُتّا بِلّی سے بڑا ہے۔

예 책의 종이는 신문종이보다 좋다.   [끼다브 까 까거즈 아ㅋ흐바르 까 까거즈 쎄 아차해.]

کِتاب کا کاغذ اخبار کا کاغذ سے اچّھا ہے۔

2 형용사의 최상급

최상급은 '가장 ~하다'라는 뜻이다. 우르두어에서는 '가장'이라는 표현대신 '모든 것보다 더'라는 표현을 쓴다. 그래서 '모든'이라는 뜻의 '써브'와 '~보다'라는 뜻의 '쎄'를 함께 사용한다.

예 그녀는 가장 예쁘다.   [워 써브 쎄 ㅋ홉쏘러뜨 해.]

وہ سب سے خُوب صورت ہے۔

✎ 직역을 하면 '그녀는 모두보다 예쁘다'가 된다.

3 미래형 시제

2과에서 문장내 동사의 기본사용법은 '동사어근 + 따/띠/떼 + 호나동사'라는 것을 배웠고 현재시제는 '따/띠/떼'와 '호나동사'를 인칭과 수에 따라 변화시켜 문장을 만들었다.

미래형 시제란 '~할 것이다'라는 뜻의 문장으로 '따/띠/떼'와 '호나동사'가 필요없다.

대신 일반동사의 '동사어근' 바로 뒤에 아래의 미래시제 어미을 붙인다.

◯ 일반동사의 미래시제형 어미

인칭	발음	문자	인칭	발음	문자
나(남성) 나(여성)	웅가 웅기	وُںگا وُںگی	우리들(남성) 우리들(여성)	엥게 엥기	یں گے یں گی
너(남성) 너(여성) 당신(남성) 당신(여성)	오게 오기 엥게 엥기	وگے وگی یں گے یں گی	너희들(남성) 너희들(여성) 당신들(남성) 당신들(여성)	엥게 엥기 엥게 엥기	یں گے یں گی یں گے یں گی
그 그녀	에가 에기	ےگا ےگی	그들 그녀들	엥게 엥기	یں گے یں گی

◉ 내 형은 파키스탄에 올 것이다. (동사어근 '아' + 에가)　　　[메라 바이 빠끼쓰딴 아에가.]

میرا بھائی پاکستان آئےگا۔

내 누나가 내 방에서 잘 것이다.　　　[메리 베헨 메레 까므레 메 쏘에기.]

میری بہن میرے کمرے میں سو ئےگی۔

만약 문장이 호나동사가 본동사인 '~이다' '~있다'라는 뜻의 문장이라면 미래형도 '~일 것이다' '~있을 것이다'라는 호나동사의 미래를 나타내 주어야 한다. 이때는 호나동사 자체를 아래와 같이 미래형으로 변화시킨다.

◯ 호나동사의 미래시제형

인칭	발음	문자	인칭	발음	문자
나(남성) 나(여성)	홍가 홍기	ہُوںگا ہُوںگی	우리들(남성) 우리들(여성)	홍게 홍기	ہوں گے ہوںگی
너(남성) 너(여성) 당신(남성) 당신(여성)	호게 호기 홍게 홍기	ہو گے ہو گی ہوں گے ہوںگی	너희들(남성) 너희들(여성) 당신들(남성) 당신들(여성)	홍게 홍기 홍게 홍기	ہوں گے ہوںگی ہوں گے ہوںگی
그 그녀	호가 호기	ہوگا ہوگی	그들 그녀들	홍게 홍기	ہوں گے ہوںگی

◉ 우리는 내일 영국에 있을 것이다.　　　[함 깔 버르따니야 메 홍게.]

ہم کل برطانیہ میں ہوں گے۔

4 추측의 '호나동사 미래형'

호나동사의 미래형은 미래시제뿐 아니라 추측을 나타낼 때도 사용된다.

◉ 그녀들은 한국인일 것이다.　　　　　　　　　　　　　　[워 코리안 홍기.]

وہ کورین ہونگی۔

그가 도둑인 것 같다.　　　　　　　　　　　　　　　[워 쪼르 호가.]

وہ چور ہوگا۔

추측의 호나동사 미래형은 일반동사와도 함께 쓰일 수 있다.

◉ 그는 매일 사무실에 갈지 모른다.　　　　　　　　[워 하로즈 더프떠르 자따 호가.]

وہ ہر روز دفتر جاتا ہوگا۔

소녀들이 이동할지 모른다.　　　　　　　　　　　[라르끼얀 짤띠 홍기.]

لڑکیں چلتی ہونگی۔

5 의심과 허락의 표현 : 현재가정

우르두어에는 의심과 허락을 나타내는 별도의 문법이 있다. 이를 Present Subjunctive라고 하는데 우리말로 '현재 가정'으로 번역되며 평서문에서는 의심, 의문문에서는 허락을 나타내는 영어의 'may'와 유사하다.

◌ 의심과 허락의 현재가정 표현법

인칭	표현법	인칭	표현법
나(남성/여성)	어근+웅(وُں)	우리들(남성/여성)	어근+엥(یں)
너(남성/여성) 당신(남성/여성)	어근+오(و) 어근+엥(یں)	너희들(남성/여성) 당신들(남성/여성)	어근+엥(یں) 어근+엥(یں)
그/그녀	어근+에(ے)	그들/그녀들	어근+엥(یں)

✎ 어근이 모음으로 끝나면 오(ؤ), 에(ئں), 엥(ئیں)이다.

◉ 아마 그가 이 음식을 먹을지도 모른다.　　　　　　[샤이드 워 예 카나 카에.]

شاید وہ یہ کھانا کھائے۔

제가 그에게 물을 줄까요?　　　　　　　　　　　[꺄 메 우쓰 꼬 빠니 둥?]

کیا میں اُس کو پانی دوُں؟

제가 한국 음식을 준비할까요?

[꺄 메 꼬리야 까 카나 띠야르 까룽]?

کیامیں کوریا کا کھانا تیار کرُوں؟

내가 갈까요?

[메 자 웅?]

میں جاؤں؟

✎ 현재가정은 단독으로 쓰이기도 하고 '만약 ~라면'이라는 조건부사절에서도 사용된다.

표현 따라하기

🎧 6-2

1 형용사의 비교급과 최상급 표현

고양이가 개보다 더 작다.

[빌리 꾸떼 쎄 아오르 초띠 해.]

بِلّی کُتّے سے اور چھوٹی ہے۔

내가 너보다 크다.

[메 뚬 쎄 버라 훙.]

میں تُم سے بڑا ہُوں۔

그녀는 우리 학교에서 가장 예쁘다.

[워 메레 이쓰꿀 메 써브 쎄 ㅋ훕쏘러뜨 해.]

وہ میرے اِسکول میں سب سے خُوب صورت ہے۔

우르두어가 가장 쉽다.

[우르두 써브 쎄 아싼 해.]

اُردو سب سے آسان ہے۔

---

2 동사의 미래형과 추측

내 형은 파키스탄에 올 것이다.

[메라 바이 빠끼쓰딴 아에가.]

میرا بھائی پاکستان آئے گا۔

내 누나가 내 방에서 잘 것이다.

[메리 베헨 메레 까므레 메 쏘에기.]

میری بہن میرے کمرےمیں سوئے گی۔

그는 매일 사무실에 갈지 모른다.

[워 하로즈 더프떠르 자따 호가.]

وہ ہر روز دفتر جاتا ہوگا۔

응용해서 말하기

🎧 6-3

Dialog 1 인도(힌두스탄)와 파키스탄 비교하기

A: پاکستان بڑا ہے۔

B: ہِندوستان پاکستان سے اور بڑا ہے۔

A: مُجھے ہِندوستان پسند ہے۔

B: مُجھے ہِندوستان سے زیادہ پاکستان پسند ہے۔

A : 파키스탄은 큽니다.

B : 인도는 파키스탄보다 더 큽니다.

A : 저는 인도가 좋습니다.

B : 저는 인도보다 파키스탄이 더 좋습니다.

Dialog 2 문제 물어보기

A: اُس کے پاس کُچھ مسئلہ ہوگا۔

B: میں اُس سے پُوچھوں؟

A: نہیں، میں پُوچھوں گا۔

B: میں آپ کے ساتھ جاؤں؟

A : 그에게 무슨 문제가 있는 것 같아.

B : 제가 물어볼까요?

A : 아니야, 내가 물어볼게.

B : 제가 당신과 함께 갈까요?

문장 훈련하기

다음 밑줄과 같이 답해 보세요.

كاغذ	종이
اخبار	신문
کُچھ مسئلہ	어떤 문제
ہندوستان	인도

그는 말한다.   وہ <u>بولتا ہے</u>

그는 말할 것이다.   وہ

그녀는 말할 것이다.   وہ

그들은(남성) 말할 것이다.   وہ

우리는(여성) 말할 것이다.   ہم

내가 말할까요?   میں

네가 말할래?   تم

그가 말할까?   وہ

그녀들이 말할까?   وہ

اُن سے اور مزے دار کھانے کی سِفارش کیجئیے۔

복습하기

다음 한국어를 우르두어로 말해 보세요.

1 저는 도시를 매우 좋아합니다.

_____

2 더 맛있는 음식을 드세요.

_____

3 제가 음식을 가져올까요?

_____

4 그녀는 파키스탄 음식을 더 좋아할 것이다.

_____

5 그가 도둑인 것 같다.

_____

6 저를 위해서는 한국 음식이 가장 좋을 것입니다.

_____

Lesson 07

렌터카 이용하기
저는 작은 차를 운전했습니다.

میں چھوٹی گاڑی چلاتا تھا۔

🎧 7-1

진수 : 저는 렌터카가 필요합니다.

[무제 끼라에 빠르 가리 짜히에.]

مُجھے کِرائے پر گاڑی چاہیے۔

직원 : 어떤 차를 원하십니까?

[앞꼬 꼰씨 가리 빠싼드 해?]

آپ کوکونسی گاڑی پسندہے؟

진수 : 저는 한국차가 좋습니다.

[무제 꼬리야 끼 가리 빠싼드 해.]

مُجھے کوریا کی گاڑی پسند ہے۔

직원 : 몇 시간 차를 사용하실 것입니까?

[앞끼뜨네 간떼 가리 이쓰뜨말 까렝게?]

آپ کتنے گھنٹے گاڑی اِستعمال کریں گے؟

진수 : 12시간 사용할 것입니다.

[메바라 간떼 이쓰뜨말 까룽가.]

میں بارہ گھنٹے اِستعمال کرُونگا۔

직원 : 저희는 큰 차들 또는 작은 차들을 가지고 있습니다.

[함아레-빠쓰 버리 가리앙 야 초띠 가리앙 해엥.]

ہمارے پاس بڑی گاڑیاں یا چھوٹی گاڑیاں ہیں۔

진수 : 한국에서 저는 작은 차를 운전했었습니다.

[꼬리야 메 메 초띠 가리 짤라따 타.]

کوریا میں میں چھوٹی گاڑی چلاتا تھا۔

직원 : 작은 차 한 대 렌트비는 5000루피입니다.   [에끄 초띠 가리 까 끼라야 5000루뻬아 해.]

ایک چھوٹی گاڑی کا کِرایہ پانچ ہزار رُوپیہ ہے۔

진수 : 기름이 포함되나요?

[까 뻬뜨롤 께 싸트 해?]

کیا پیٹرول کے ساتھ ہے؟

단어와 숙어 익히기

کرائے پر گاڑی	렌터카
گھنٹا	시간
اِستعمال کرنا	사용하다
بارہ	12, 열 둘
چلانا	운전하다
رُوپیہ	루피 (파키스탄 통화)
پیٹرول	석유, 페트롤
پچھلے	지난
سال	해(年)
لیکن	그러나
کوئی مسئلہ نہیں	문제없다
لوٹانا	반납하다

직원 : 지난 해는 저희가 기름을 드렸습니다. 그러나 이번 달부터는 아닙니다.

[삐츨레 쌀 함 네 뻬뜨롤 디야. 레낀 이쓰 쌀 쎄 내히.]

پِچھلے سال ہم نے پیٹرول دیا لیکن اِس سال سے نہیں -

진수 : 문제없어요. 차는 여기로 반납할게요.   [꼬이 마쌀라 내히. 가리 야햐 빠르 로따웅가.]

کوئی مسئلہ نہیں گاڑی یہاں پر لوٹاؤں گا۔

Q. 우르두어 교통수단 표현

숫자	발음	표기	비고
택시	떽씨	ٹیکسی	-
버스	버쓰	بس	-
자동차	가리	گاڑی	모떠르(Motor, موٹَر)를 쓰기도 한다.
기차	레일가리	ریل گاڑی	'레일 위를 달리는 자동차'란 뜻이다.
배	자하즈	گاڑی	-
비행기	호와이 자하즈	ہوائی جہاز	'공중에 있는 배'란 뜻이다.
오토바이	바이끄	بائیک	오토바이를 바이크라고 부른다.
자전거	싸이끌	سائیکل	-
릭샤	릭샤	رِکشا	택시처럼 이용하는 삼륜 오토바이
메트로 버스	메뜨로	میٹرو	대도시 중앙을 횡단하는 버스라인

⬚⬚⬚ **문법** 따라잡기 ⬚⬚⬚

1 **동사의 과거 시제**

우르두어 동사의 과거시제는 말 그대로 과거에 했거나 어떤 사건이 발생해 지나간 일이
다. 과거시제를 표현할 때는 동사의 '과거분사형'을 사용한다. 따라서 동사의 과거분사형
을 만드는 방법을 정확하게 숙지해야 한다.

(1) 동사의 과거분사형 : 규칙변화

동사의 과거분사형을 만드는 방법은
– 주어가 남성단수일 경우, 동사어근 뒤에 '아'만 붙여주면 된다.

단, 동사어근이 '아'나 '오'로 끝나면 '야'로 바꿔준다.
– 주어가 남성복수일 경우에는 동사어근 뒤에 '에'를 붙인다.
– 주어가 여성단수일 경우는 '이'
– 주어가 여성복수일 때는 '잉'이다.

이를 정리하면 다음과 같다.

Q. 주어의 성과 수에 따른 동사의 과거분사형 변화

남성단수	남성복수	여성단수	여성복수
어근+아(ا)	어근+에(ﮮ)	어근+이(ی)	어근+잉(یں)

📖 말하다(بولنا) → 말했다 : 남성단수(بولا), 남성복수(بولے), 여성단수(بولی), 여성복수(بولیں)

✎ 동사어근이 '아'나 '오'같은 모음으로 끝난 동사는 주어가 남성단수일때 '어근+야(یا)' 남성복수일
때 '에(ﮰ)', 여성단수 '이(ئی)', 여성복수일 때는 '잉(ئیں)'이 된다.

📖 그는 잤다. (남성단수)   [워 쏘야]
وہ سویا۔

그녀는 잤다. (여성단수)   [워 쏘이]
وہ سوئ۔

그들은 잤다. (남성복수)   [워 쏘에]
وہ سو ئے۔

그녀들은 잤다. (여성복수)   [워 쏘잉]
وہ سوئیں۔

(2) 동사의 과거분사형 : 불규칙변화

일부 동사는 위 법칙에서 예외로, 어근도 함께 변한다.
이런 동사가 많지는 않지만 사용빈도가 높기 때문에 암기해 두어야 한다.

Q. 과거분사형 불규칙변화

의미	발음	표기	남성단수	남성복수	여성단수	여성복수
하다	까르나	کرنا	끼야(کیا)	끼에(کئے)	끼(کی)	낀(کن)
가져가다	레나	لینا	리야(لیا)	리에(لیے)	리(لی)	린(لین)
주다	데나	دینا	디야(دیا)	디에(دئیے)	디(دی)	딘(دین)
가다	자나	جانا	개야(گیا)	개에(گئے)	개이(گئی)	개인(گئین)
~이다	호나	بونا	후아(بُوا)	후에(بُوئے)	후이(بُوی)	후인(بُوئین)

---

2 타동사 과거 시제에 사용되는 '네(نے)'

일반동사는 목적어가 없는 자동사와 목적어가 있는 타동사로 분류된다고 설명한 바 있다.
따라서 타동사의 과거시제도 당연히 목적어가 들어간다.

Q. 목적어를 취하는 주요 타동사

의미	발음	문자표기	의미	발음	문자표기
~을 보다	데크나	دیکھنا	~을 열다	콜르나	کھولنا
~을 먹다	카나	کھانا	~을 닫다	반드 까르나	بند کرنا
~을 주다	데나	دینا	~을 가르치다	시카나	سِکھانا
~을 보내다	베즈나	بھیجنا	~을 배우다	시크나	سِیکھنا
~을 쓰다	리크나	لِکھنا	~을 놓다	라크나	رکھنا
~을 읽다	빠르나	پڑھنا	~을 하다	까르나	کرنا
~을 보여주다	디카나	دِکھانا	~을 준비하다	띠야르 까르나	تیار کرنا

이때 주의할 점은 타동사가 과거시제로 사용될 때 목적어 앞에 반드시 후치사 '네(نے)'를 써주어야 한다는 것이다.

예 작은 소년이 책을 읽었다.

[초때 라르께 네 끼다브 빠르히.]

چھوٹے لڑکے نے کتاب پڑھی۔

특히 '네(نے)'가 사용된 과거시제의 경우, 동사는 주어가 아니라 목적어의 성과 수에 따라 변한다는 점이 중요하다.

예 그가 책을 주었다. (주어 남성단수, <u>목적어 여성단수</u>)

[우쓰 네 끼다브 디.]

اُس نے کتاب دی۔

그녀가 옷들을 훔쳤다. (주어 여성단수, <u>목적어 남성복수</u>)

[우쓰 네 까쁘레 쭈라에.]

اس نے کپڑے چُرائے۔

소년이 숫말을 보았다.

[라르께 네 고라 데카.]

لڑکے نے گھوڑا دیکھا۔

소년이 <u>암말</u>을 보았다.

[라르께 네 고리 데키.]

لڑکے نے گھوڑی دیکھی۔

소년들이 두 <u>암말들</u>을 보았다.

[라르꽁 네 도 고리앙 데킹.]

لڑکوں نے دو گھوڑیاں دیکھیں۔

✎ 다만, 목적어가 특정한 대상일 경우 목적어 뒤에 '꼬'를 쓰는 경우가 있는데 이때는 원래대로 동사가 주어의 성과 수에 따라 변한다.

예 소년들이 그 암말을 보았다.

[라르꽁 네 고리 꼬 데케.]

لڑکوں نے گھوڑی کو دیکھے۔

3 타동사 의미를 갖는 자동사

의미상 타동사처럼 보이지만 자동사인 경우가 있어 주의가 필요하다. 목적어를 갖는 것처럼 해석되어 자칫 후치사를 사용할수 있으나 이 동사는 자동사임으로 과거형이나 완료형에서 '네(نے)'를 붙여선 안된다.

Q. 타동사 의미를 갖는 자동사

의미	발음	표기	의미	발음	표기
~을 잊다	불르나	بھُولنا	~을 말하다	볼르나	بولنا
~을 가져오다	라나	لانا	~을 끝내다	쭈끄나	چُکنا
~을 가져가다	레나	لینا	~을 두려워하다	다르나	ڈرنا
~를 만나다	밀르나	ملنا	~싸우다	라르나	لڑنا

예 그가 책을 가져갔다.   [워 끼따브 리야.]

وہ کِتاب لیا۔

4 동사의 불완전 과거시제

위에서 동사의 과거시제는 '과거분사형'을 쓰면 된다고 했다. 그런데 우르두어에는 '불완전 과거시제(Past Imperfect)'라는 것도 존재한다.

불완전과거시제는 단순과거와 다르게 과거에 진행하고 있던 일이나 습관적으로 해 오던 일을 나타낼 때 쓴다. 불완전이라는 말을 쓰는 이유는 완료형이나 단순과거처럼 그 행위가 그 시점에 완전히 끝나버린 일이 아니기 때문이다. 그래서 타동사의 목적어 앞에 쓰던 '네(نے)도 쓰이지 않는다.

영어의 'used to'와 유사하게 '~하곤 했다'로 번역될 수 있다. 또는 늘 하던 일을 당시에도 '~하던 중이었다'의 의미로 쓰일 수도 있어서 과거 진행형으로 해석되기도 한다.

그러나 엄밀히 말하면 그때 어떤 일을 단순히 하는 중이었다는 과거진행형과 다르게, 습관적으로 늘 하던 일을 그 당시에도 하는 중이었다는 의미임으로 지속적이자 반복적으로 하던 일이었다는 게 다르다.

일상 회화에서는 혼선을 최소화하도록 '~하는 중이었다'는 그냥 과거진행형을 쓰고 '~했다'는 단순 과거, 그리고 습관적으로 '~하곤 했었다'의 의미는 불완전과거시제를 쓸 것을 권한다. 그래야 초기에 개념을 잘 잡을 수 있다.

사실 실제 회화에서 단순과거와 불완전과거시제가 명확히 구분되지 않는 경우도 많으니 너무 큰 스트레스를 받지 않아도 된다.

불완전과거시제를 만드는 방법은 간단하다. 현재시제형인 '동사어근 + 따/띠/떼 + 호나동사'에서 호나동사만 과거형으로 바꾸면 된다.

⑩ 나는 말한다. (남성, 현재)

[메 볼따 훈.]

میں بولتا ہُوں۔

나는 말했다/말하곤 했었다. (남성, 불완전과거)

[메 볼따 타.]

میں بولتا تھا۔

따라서 규칙적 과거를 표현하기 위해서는 호나동사의 과거형만 숙지하면 된다.

Q. 호나동사의 과거형

인칭	발음	문자	인칭	발음	문자
나(남성) 나(여성)	타 티	تھا تھی	우리들(남성) 우리들(여성)	테 티잉	تھے تھیں
너(남성) 너(여성) 당신(남성) 당신(여성)	타 티 테 티잉	تھا تھی تھے تھیں	너희들(남성) 너희들(여성) 당신들(남성) 당신들(여성)	테 티잉 테 티잉	تھے تھیں تھے تھیں
그 그녀	타 티	تھا تھی	그들 그녀들	테 티잉	تھے تھیں

Q. 1과에서 배운 호나동사의 현재형과 다시 한번 비교해 보자.

인칭과 수	발음	문자	인칭과 수	발음	문자
1인칭단수(나)	훙	ہُوں	1인칭복수 (우리)	해앵	ہیں
2인칭단수 (너) 2인칭단수 (당신)	호 해앵	ہو ہیں	2인칭복수 (너희) 2인칭복수 (당신들)	해앵	ہیں
3인칭단수 (그,그녀)	해	ہے	3인칭복수 (그들,그녀들)	해앵	ہیں

✎ 호나동사의 현재형은 성에 상관없이 인칭과 수에 의해서만 '훙/호/해/해앵'으로 변했으나 호나동사 과거형은 인칭에 상관없이 성과 수에 따라서만 '타/티/테/티잉'으로 변했음을 주의해야 한다.

表현 따라하기 🎧 7-2

1 동사의 단순과거

그녀는 어제 학교에서 울었다.   [워 깔 이쓰꿀 메 로이.]

وہ کل اِسکول میں روئ۔

그는 여기서 물을 마셨다.   [우쓰 네 야항 빠니 삐야.]

اُس نے یہاں پانی پیا۔

2 동사의 불완전과거

그녀는 학교에서 매일 울었다.   [워 이쓰꿀 메 하로즈 로띠 티.]

وہ اِسکول میں ہرروز روتی تھی۔

그는 여기서 물을 마셨었다.   [워 야항 빠니 삐따 타.]

وہ یہاں پانی پیتا تھا۔

3 타동사로 혼동하기 쉬운 자동사

당신이 편지를 가져왔다.   [압 찌티 라에.]

آپ چِٹّھی لائے۔

그들은 신을 두려워했다.   [워 ㅋ후다쎄 다르에.]

وہ خُدا سے ڈرئے۔

응용해서 말하기

Dialog 1 **우르두 학습**

A: آپ کہاں اُردو سکھتے تھے؟

B: میں پاکستان میں اُردو سکھتا تھا۔

A: کیا آپ پنجاب سکُول میں پڑھتے تھے؟

B: جی نہیں، میں اُس اِسکول میں کل پہلی دفعہ گیا۔

A : 당신은 어디에서 우르두를 배웠었습니까?

B : 저는 파키스탄에서 우르두를 배웠었습니다.

A : 펀자브 스쿨에서 공부했었습니까?

B : 아니요, 저는 그 학교는 어제 처음 갔습니다.

Dialog 2 **일했던 직장**

A: کیا آپ کل لاہور سکُول میں گئے۔

B: جی ہاں، میں کل اُس اِسکول میں گیا۔

A: کیا آپ پچھلے سال اُس اِسکول میں کام کرتے تھے؟

B: جی نہیں، میں پچھلے سال کراچی سکُول میں کام کرتا تھا۔

A : 당신은 어제 라호르 스쿨에 갔습니까?

B : 네, 저는 어제 그 학교에 갔습니다.

A : 당신은 작년에 그 학교에서 일했었습니까?

B : 아니요, 저는 작년에 카라치 스쿨에서 일했었습니다.

문장 훈련하기

다음의 빈칸을 우르두어로 채워 보세요.

너(남성)는 파키스탄에 갔다.

تُم پاکستان کو _____

너(여성)는 파키스탄에 갔다.

تُم پاکستان کو _____

그는 학교에게 달렸었다. (달리곤 했다)

وہ اِسکول میں _____

그녀는 어제 학교에서 뛰었다.

وہ کل اِسکول میں _____

우리는 그녀에게 편지를 보냈다.

ہم نے اُس کو چِٹّھی _____

그가 우리를 위해 편지를 썼다.

اُس نے ہمارےلئے چِٹّھی _____

소녀들이 두 숫말들을 보았다.

لڑکیاں نے دو گھوڑے _____

복습하기

다음의 한국말을 우르두어로 말해 보세요.

1 소년들이 암말들을 보았다.

_____

2 나는 작년에 이 학교에서 일했었다.

_____

3 그들은 호텔에서 밥을 먹었었다.

_____

4 그녀는 호텔에서 밥을 먹었다.

_____

5 당신은 집에서 물을 마셨다.

_____

6 그들은 손가방을 가져갔다.

_____

Lesson **08**

길 물어보기

저는 비즈니스 센터에
가는 중입니다.

진행형, 완료시제, 의문사

میں کاروباری مرکز جا رہا ہُوں۔

🎧 8-1

단어와 숙어 익히기

پہلے	처음
اب / ابھی	지금 당장/지금
جاننا	알다
سڑک	길
سیدھا	앞으로
دُوسرا	두 번째
راستہ	거리
دُور	먼
مرکز	센터
قریب	가까운
بہت	매우, 무척
مُعاف کیجیے	죄송합니다. 실례합니다.
لگنا	(시간이) 걸리다
شمال	북쪽
کی طرف	~방향으로
گھنٹا	시간
تقریباً	대략
دائیں	오른쪽

진수 : 저는 여기 처음 왔습니다.　　　　　　　　　[메 야항 뻬헬레 아야 훙.]

میں یہاں پہلے آیا ہُوں۔

저는 지금 비즈니스센터에 가는 중입니다.　　[메 아비 까로바리 머르꺼즈 자 라하 훙.]

میں ابھی کاروباری مرکز (Business center) جا رہا ہُوں ۔

당신은 이곳이 어디인지 아십니까?　　　　　　[꺄 앞 잔떼 해앵 께 예 까항 해?]

کیا آپ جانتے ہیں کہ یہ کہاں ہے۔

행인 : 이 길로부터 앞으로 가세요.　　　　　　　[이쓰 싸라끄 쎄 씨다 자오.]

اِس سڑک سے سیدھا جاؤ۔

그리고 두 번째 거리에서 우회전합시다.　　[아오르 두쓰레 라쓰떼 메 다엥 호 자엥.]

اور دُوسرے راستے میں دائیں ہو جائیں۔

진수 : 지금 우리가 무슨 거리에 있습니까?　　　　[아브 함 끼쓰 라쓰떼 빠르 해앵?]

اب ہم کِس راستے پر ہیں؟

행인 : 우리는 몰 로드에 있습니다.　　　　　　　[함 몰로드 빠르 해앵.]

ہم مال روڈ پر ہیں۔

진수 : 여기서 얼마나 먼가요?　　　　　　　　　[야항 쎄 끼뜨니 두르 해?]

یہاں سے کتنی دُور ہے؟

행인 : 가깝지 않습니다. 매우 멉니다.　　　　　　[꺼리브 네히 보후뜨 두르해.]

قریب نہیں، بہت دُور ہے۔

진수 : 죄송하지만, 몇 시간이나 걸릴까요?　　　[무제 무아프 끼지에, 끼뜨네 간떼 라겐게?]

مُجھے مُعاف کیجیے کتنے گھنٹے لگیں گے؟

81

행인 : 북쪽으로 약 한 시간 걸릴 겁니다.   [슈말 끼 따르프 따끄리반 에끄 간따 라게가.]

شُمال کی طرف تقریباً ایک گھنٹا لگے گا۔

방향을 나타내는 명사

뜻	발음	문자	뜻	발음	문자
동쪽 동쪽의	머쉬르끄 머쉬르끼	مشرق مشرقی	서쪽 서쪽의	머그르브 머그르비	مغرب) مغربی
남쪽 남쪽의	주누브 주누비	جُنُوب جُنُوبی	북쪽 북쪽	슈말 슈말리	شُمال شُمالی
직진	씨다	سیدھا	후진	삐체	پِیچھے
좌회전	바엥	بائیں	우회전	다엥	دائیں

우르두어 서수

서수	발음	문자	서수	발음	문자
첫번째	뻬헬라	پہلا	여섯번째	차따	چھٹا
두번째	두쓰라	دوسرا	일곱번째	사뜨왕	ساتواں
세번째	띠쓰라	تیسرا	여덟번째	아트왕	آٹھواں
네번째	쪼타	چوتھا	아홉번째	노왕	نواں
다섯번째	빤쯔왕	پانچواں	열번째	다쓰왕	دسواں

문법 따라잡기

1 의문사

우르두어에서 의문사는 영어와 달리 반드시 맨 앞에 올 필요는 없다. 따라서 아래의 주요 의문사를 암기만 하면 문장 내에서 자유롭게 사용할 수 있다.

의미	발음	문자	의미	발음	문자
언제	깝 (또는 까브)	کب	무엇	꺄 (또는 끼아)	کیا
어디	까항	کہاں	어떠한 + 명사	께싸 께씨	کیسا کیسی
누가	꼰	کون	어느 + 명사	꼰싸 꼰씨	کون سا کون سی
왜	끼웅 ('끼욘'으로 발음 하기도 함)	کیوں	얼마나+형용사	끼뜨나 끼뜨니	ِکتنا ِکتنی
어떻게	께싸 께씨	کیسا کیسی	누구의	끼쓰까 끼쓰끼	ِکس کا ِکس کی

🖉 께사(کیسا), 꼰싸(کون سا), 끼뜨나(کتنا) 등 남성과 여성을 분류하는 의문사는 복수일 때 어미도 '에'로 변한다 → 께쎄(ِکسکے), 꼰쎄(کون سے), 끼뜨네(ِکتنے), 끼쓰께(کیسے)

🖉 '꼰(کون)'이나 '꺄(کیا)'가 뒤에 후치사를 만나면 '끼쓰(کس)'로 변한다.

📝 몇 시입니까?

[꺄 와끄뜨 해?]

کیا وقت ہے؟

📝 소녀는 몇 시에 갑니까?

[라르끼 끼쓰 와끄뜨 메 자티 해?]

لڑکی ِکس وقت میں جاتی ہے؟

📝 이것은 무슨 물건입니까?

[예 꺄 찌즈 해?]

یہ کیا چیز ہے؟

📝 이것은 무슨 물건 안에 있습니까?

[예 끼쓰 찌즈 메 해?]

یہ ِکس چیز میں ہے؟

✎ '어떻게'란 의미의 '께싸/께씨(کیسی / کیسے)'는 뒤에 명사가 오면 명사의 성질을 묻는 '어떤'이 된다.

📖 이 책상은 어떤 책상인가요? 이것은 큰 책상입니다.   [예 께씨 메즈 해? 예 버리 메즈 해.]

یہ کیسی میز ہے؟ یہ بڑی میز ہے۔

✎ '꼰싸/꼰씨'는 선택의문사이다. 즉 '어느 것'인지 묻는다.

📖 어느 책상이 너의 것이냐?   [꼰시 메즈 뚬하리 해?]

کون سی میز تُمھاری ہے؟

2   진행형 시제

우르두어에도 진행형이 있으며 '동사어근 + 라하/라히/라해 + 호나동사'의 형태이다. '~하는 중이다'라는 의미의 현재진행형은 호나동사 자리에 주어의 인칭과 수에 따라 호나동사의 현재형(훙/호/해/해엥)을 쓰고 '~하는 중이었다'라는 의미의 과거진행형은 주어의 성과 수에 따라 호나동사의 과거형(타/티/테/틴)을 써주면 된다.

📖 나(여성)는 음식을 먹는 중이다.   [메 카나 카 라히 훙.]

میں کھانا کھا رہی ہُوں۔

나(여성)는 음식을 먹는 중이었다.   [메 카나 카 라히 티.]

میں کھانا کھا رہی تھی۔

✎ 호나동사의 현재형은 인칭과 수에 의해서만 '훙/호/해/해엥'으로 변하고 과거형은 인칭에 상관없이 성과 수에 따라서만 '타/티/테/틴'으로 변한다는 점을 다시 한번 기억하자.

3   완료형 시제

(1) 현재완료

우르두어도 영어와 마찬가지로 현재완료형이 있다. 현재완료는 과거의 어느 시점에 행한 동작이나 행동이 현재까지 이어지고 있거나 그 영향이 아직까지 미치고 있을 때 사용하는 것이 원칙이다. 일상 회화에서 과거형시제처럼 많이 사용되어 혼란을 주기도 하지만 의미상 차이가 있다는 것은 알고 있어야 한다.

현재완료의 형태는 '과거분사 + 호나동사 현재형'이다.

예 나는 와 있다. (나는 과거에 왔다. 그리고 현재도 있다.)

[메 아야 홍.]

میں آیا ہُوں۔

그녀는 가 버렸다. (그녀는 과거에 갔고 현재도 없다.)

[워 개이 해.]

وہ گئ ہے۔

그들은 책을 주었다. (과거에 주었고 현재도 주어져 있다.)

[운호 네 끼다브 디 해.]

اُنہوں نے ِکتاب دی ہے۔

🔗 타동사의 과거시제와 동일하게 완료시제에서도 목적어 앞에 '네(نے)'가 오고 목적어의 성과 수
에 따라 동사가 변한다

(2) 과거완료

과거완료는 과거에 일어난 일이 과거의 어느 시점까지 이어지고 있거나 영향을 미치고 있
을 때 사용하는 표현으로 형태는 '과거분사 + 호나동사의 과거형'이다.

예 그녀는 가 버렸었다.

[워 개이 티.]

وہ گئ تھی۔

그들은 책들을 주었었다. (목적어가 여성복수)

[운호 네 끼다벵 디 티잉.]

اُنہوں نے ِکتا بیں دی تھیں۔

(3) 미래완료

미래완료는 이미 완료했을 것이라는 추정을 나타내는 것으로 영어의 'might + have + 과
거분사'의 의미와 같다. 미래완료의 형태는 '과거분사 + 호나동사의 미래형'이다.

예 여자들은 시장에 와 있을 거야.

[아우라텡 바자르메 아이 홍기.]

عورتیں بازار میں آئی ہونگی۔

예 당신은 이 책을 읽었을지도 모르겠습니다.

[앞 네 에 끼따브 빠르히 호기.]

آپ نے یہ کتاب پڑھی ہوگی۔

1 진행형

당신은 지금 어디 가는 중입니까?

آپ اب کہاں جا رہے ہیں؟

나는 지금 사무실에서 오는 중입니다.

میں اب دفتر سے آ رہا ہوں۔

그녀는 학교에서 공부하는 중이었다.

وہ اِسکول میں پڑھ رہی تھی۔

우리는 파키스탄에서 일하는 중이었다.

ہم پاکستان میں کام کر رہے تھے۔

2 완료형

그녀는 한국으로 가 버렸다.

وہ کوریا کو گئ ہے۔

나는 음식을 먹어치웠다.

میں کھانا کھایا ہوں۔

그는 작년에 우르두어를 배웠었다.

وہ پچھلے سال میں اُردو سکھتا تھا۔

그녀가 그곳에서 울어 버렸었다.

وہ وہاں پر روئ تھی۔

میں کاروباری مرکز جا رہا ہُوں۔

응용해서 말하기 ⊗⊗⊗

Dialog 1 위치 묻기

A: وہ اب کہاں جا رہا ہے؟

B: وہ بازار جا رہا ہے۔

A: بازار کہاں ہے؟

B: اُس راستے سے بائیں ہو جائیں۔

A : 그는 지금 어디로 가는 중입니까?

B : 그는 시장에 가는 중입니다.

A : 시장은 어디에 있습니까?

B : 저 거리로부터 좌회전 하세요(합시다).

Dialog 2 사람에 대한 대화

A: کیا آپ نے اُستاد آن دیکھا ہیں؟

B: جی ہاں، کل میں نے اُن کو دیکھا تھا۔

A: وہ کیا کر رہے تھے؟

B: وہ دوستوں کے ساتھ چائے پی رہے تھے۔

A : 당신은 안선생님을 본 적이 있습니까?

B : 네 저는 어제 그를 보았습니다.

A : 그는 무엇을 하는 중이었습니까?

B : 그는 친구들과 함께 차를 마시는 중이었습니다.

문장 훈련하기

다음 빈칸을 현재진행형으로 채워 보세요.

(جانا) _____ وہ دفتر کو

(آنا) _____ وہ دفتر سے

(کھانا) _____ وہ ناشتا

다음 빈칸을 현재완료형으로 채워 보세요.

(جانا) _____ وہ دفتر کو

(آنا) _____ وہ دفتر سے

(کھانا) _____ وہ ناشتا

다음 빈칸을 과거완료형으로 채워 보세요.

(جانا) _____ وہ دفتر کو

(آنا) _____ وہ دفتر سے

(کھانا) _____ وہ ناشتا

복습하기

다음 한국어를 우르두어로 말해 보세요.

1 지금 나는 무엇을 할 수 있나?

_____

2 이 길로부터 첫 번째 거리에서 우회전 하십시오.

_____

3 그녀는 우르두어를 가르치는 중이다.

_____

4 그들은 사무실에 가는 중이었다.

_____

5 우리는 두 암말을 본 적이 있다.

_____

6 우리는 파키스탄에서 개를 본 적이 없었다.

_____

7 그녀는 내일 아침 가 버렸을거다.

_____

Lesson **09**

사업 회의 ｜ 만약 100톤의 주문을 한다면 가격이 얼마가 될까요?

اگر ایک سَو ٹن کا حکم صادِر کرُوں، تو کتنے پَیسے ہوں گے؟

🎧 9-1

단어와 숙어 익히기

진수 : 귀사의 제품을 주문하고 싶습니다.　　[앞끼 머쓰누아뜨 까 후껌 싸디르 까르나 짜흐따 홍.]

آپ کی مصنُوعات کا حکم صادِر کرنا چاہتاہُوں۔

مصنُوعات	제품
حکم صادِر کرنا	주문하다
مِقدار	물량
رقم	총금액
زیادہ کرنا	증가시키다
قیمت	가격
مِعیار	품질
اہم	중요한
فِکر کرنا	걱정하다
ضمانت	Warranty, Guarantees
مُعاہدہ	계약서
دیکھنا	보여주다

직원 : 물량이 어떻게 됩니까?　　[미끄다르 꺄 해?]

مِقدار کیا ہے؟

진수 : 10톤에 얼마입니까?　　[다쓰 메뜨리끄 뙨껠리에 끼뜨네 빼쎄 해엥?]

دس میڑک ٹن(Metric Ton)کےلئے کتنے پَیسے ہیں؟

직원 : 1메트릭 톤당 100루피. 그래서 총액 1000루피가 될 것입니다.
[에끄 메뜨리끄 뙨 껠리에 쏘 루뻬아 해. 또 뤄껌 에끄 하자르 루뻬아 호가.]

ایک میڑک ٹن(Metric Ton)کےلئے سَو رُوپیہ ہے۔
تو رقم ایک ہزار رُوپیہ ہوگا۔

진수 : 만약 제가 100톤의 주문을 하면, 얼마가 될까요?
[아가르 메 에끄쏘우 뙨 까 후껌 싸디르 까룽, 또 끼뜨네 빼쎄 훙게?]

اگر میں ایک سَو ٹن کا حکم صادِر کرُوں، تو کتنے پَیسے ہوں گے؟

직원 : 만약 주문을 늘리시면, 톤당 80불이 됩니다.
[아가르 앞까 후껌 쟈다 까렝, 또 에끄 뙨 껠리에 앗씨 루뻬아 해.]

اگر آپ کا حکم زیادہ کریں، تو ایک ٹن کےلئے اسّی رُوپیہ ہے۔

진수 : 비록 가격이 좋더라도, 품질이 더 중요합니다.
[아가르 짜 끼마트 아차 호, 또비 미야르 쟈다 아험 해.]

اگرچہ قیمت اچّھا ہو ، توبھی مِعیار زیادہ اہم ہے۔

직원 : 물론이죠! 걱정마세요. 보증이 있습니다.　　[자헤르 해! 피꺼르 나 끼지에, 저마너뜨 해.]

ظاہر ہے! فِکرنا کیجئِیے، ضمانت ہے۔

진수 : 계약서를 봅시다.　　[무아허다 디카엥.]

مُعاہدہ دیکھیں۔

Q. '물론입니다'로 쓸 수 있는 다양한 표현들

표기	발음	의미
بِالکُل!	빌꿀	완전히, 완벽하게, 확실하게 (Entirely, Completely, Absolutely)
بےشک!	베샤끄	의심할 여지없이 (No doubt)
یقیناً!	야끼난	확실히, 분명히, 실제로 (Sure, Certainly, Indeed)
ظاہر ہے!	자허르 해	명백하다 (Apparent)

문법 따라잡기

1 접속사

접속사는 단어와 단어, 또는 문장과 문장을 연결해 주는 품사로 일상 회화에서 자주 사용되니 꼭 알아둘 필요가 있다.

Q. 자주 쓰는 접속사

의미	발음	표기	의미	발음	표기
그리고	아오르	اور	또는	야	یا
그러나	레낀 / 마가르	مگر / لیکن	그래서	이쓰리예	اس لئے
그렇다면	또	تو	~처럼	고야	گویا
이와 같이	웨쎄	وَیسے	접속사 that	께	کہ

2 부사절

접속사 중에는 개별적인 두 문장을 하나로 엮어 한 문장으로 만드는 접속사도 있다. 이 때 문장의 주된 의미가 되는 문장을 주절, 부가적인 의미가 되는 문장을 종속절이라고 부르며 종속절이 부사적 의미를 부여할 때 부사절이라고 부른다. 부사절을 이끄는 접속사는 종속절 문장의 앞에 위치한다. 부사절도 다양한 종류가 있으나 가장 기본이 되는 것은 아래 5가지이다.

(1) 조건의 부사절

조건의 부사절은 종속절이 '만약 ~라면'이라는 의미를 갖는 문장이다. 우르두어에서는 이를 위해 '아가르(اگر)'라는 접속사를 사용한다. 문장의 형태는 [아가르(اگر) + 종속절, 또(تو) + 주절]이다. 이때 아가르(اگر)가 이끄는 종속절의 동사는 5과에서 배운 '현재가정'을 쓴다.

⑩ 만약 내가 간다면, 그녀가 갈까?　　　　　　　　　　　　[아가르 메 자웅, 또 워 자에?]

اگر میں جاوں، تو وہ جا ئے؟

(2) 양보의 부사절

양보의 부사절은 '비록 ~ 할지라도'라는 뜻으로 '아가르 짜(اگر چہ)'를 사용한다. 문장의 형태는 [아가르짜(اگر چہ) + 종속절, 또비(تو بھی) + 주절]이다.

⑩ 비록 내가 갈지라도, 그녀는 행복하지 않을거야.　　　[아가르짜 메 자웅, 또비 워 ㅋ후씨 내히 호기]

اگر چہ میں جاوں تو بھی وہ خُوش نہیں ہوگی۔

(3) 이유의 부사절

이유의 부사절은 '~하기 때문에' 또는 '왜냐하면'이라는 의미를 갖는다. 부사절이 앞 문장으로 나오면 '쭌께(چُونکہ)'를, 뒷 문장으로 오면 '끼웅 께(کیوں کہ)'를 사용한다. 문장의 형태는 [쭌께(چُونکہ) + 종속절, 이쓸리에(اس لئے) + 주절] 또는 [주절, 끼웅 께(کیوں کہ) +종속절]이다.

⑩ 내가 갈 것이기 때문에 그녀는 행복하다.　　　　　[쭌께 메 자웅가, 이쓸리에 워 ㅋ후씨 해.]

چُونکہ میں جاوُنگا اس لئےوہ خُوش ہے۔

⑩ 그녀는 행복하다 왜냐하면 내가 갈 것이기 때문이다.　　　[워 ㅋ후씨 해 끼웅 께 메 자웅가.]

وہ خُوش ہے کیوں کہ میں جاوُنگا۔

(4) 시간의 부사절

시간의 부사절에 사용되는 가장 대표적인 접속사는 '~ 할 때'라는 의미의 '잡(جب)'이다. 문장의 형태는 [잡(جب) + 종속절, 땁(تب) + 주절]이다.

⑩ 내가 갔을 때, 그녀는 울었다.　　　　　　　　　　　　　[잡 메 개야, 땁 워 로이.]

جب میں گیا تب وہ روی

(5) 목적의 부사절

목적의 부사절은 '~하기 위해서' 또는 '~하지 않기 위해서'라는 의미를 갖는 종속절로서 따께(تاکہ) 그리고 '에싸 나 호께(ایسانہ ہوکہ)'가 대표적이다.

예 내가 가기 위해서 문을 열어라.　　　　　　　　[다르와자 콜로 따께 메 자웅.]

دروازہ کھولو تاکہ میں جاؤں۔

예 개가 물지 않도록 여기 오지 마라.　　　　　[야하 마뜨 아오 에싸 나 호께 구따까떼.]

یہاں مت آؤ ایسا نہ ہو کہ کُتّا کاٹے۔

③ 부정사의 용법

동사의 어근에 '나(نا)'를 붙인 것이 동사의 부정사이다. 부정사란 딱히 정해진 것이 없는 품사란 뜻으로 다시 말하면 다양한 품사로 사용될 수 있다는 뜻이기도 하다. 우르두어 부정사도 그 자체는 동사의 성질을 갖지만 문장 내에서 명사나 부사 등 다양한 품사로 사용된다.

(1) 명사적 용법

부정사는 문장에서 주어, 목적어, 보어 등 명사처럼 사용될 수 있다. 의미는 '~하는 것'으로 번역된다.

예 우르두어를 배우는 것은 어렵다.　　　　　　[우르두 빠르나 무쉬낄 해.]

اُردو پڑھنا مُشکِل ہے۔

🖉 부정사 뒤에 후치사가 쓰이면 부정사의 어미 나(نا)는 네(نے)로 변한다.

예 내가 가기 전에 와라.　　　　　[메레 자네(메라 자나(X)) 쎄 빼흘레 아오.]

میرے جانے سے پہلے آؤ۔

(2) 부사적 용법

부정사는 문장에서 '~하기 위해서'라는 부사로도 사용될 수 있다. 이때 의미를 보다 명확히 하기 위해서 '꼬(کو)'와 함께 사용하면 더 좋다. 단, 꼬(کو)는 후치사임으로 부정사의 어미 나(نا)는 네(نے)로 변한다.

예 나는 우르두를 공부하기 위해서 파키스탄에 갔었다.　　[메 우르두 빠르네 꼬 파키스탄 개야 타.]

میں اُردو پڑھنے کو پاکستان گیا تھا۔

(3) 즉각적인 미래시제

부정사는 호나동사 '해(ہے)'와 결합하여 미래시제를 나타낼 수 있다. 부정사 미래시제는 바로 곧 일어날 일에 대한 표현이다. 주의할 점은 주어의 자리에 '목적격 + 꼬'가 사용된다.

예 너 가는 거지?　　　　　　[까 뚬꼬 자나 해?]

کیا تُم کو جانا ہے؟

응, 지금 가.   [지, 무제 자나 해.]

جی، مُجھے جانا ہے۔

(4) 미래형 명령문

부정사는 명확한 미래에 대한 명령문으로도 사용할 수 있다.

예 내일 호텔로 가세요.   [깔 호텔꼬 자나.]

کل ہوٹل کو جانا۔

표현 따라하기   🎧 9-2

1 부정사의 명사적 용법과 부사적 용법

내 집에 가는 것이 좋다.

میرا گھر جانا اچھا ہے۔

우르두어를 배우는 것은 어렵다.

اُردو پڑھنا مُشکِل ہے۔

나는 우르두어를 배우기 위해 학교에 갔다.

میں اُردو سیکھنے کو اِسکول میں گیا۔

그들은 밥을 먹기 위해 호텔에 와있다.

وہ کھانا کھانے کو ہوٹل آئے ہیں۔

---

2 부사절 문장

만약 그녀가 한국인이라면, 이 옷을 좋아할 거야.

اگر وہ کورین ہو تو وہ یہ کپڑا پسند کرئے۔

그들이 음식을 먹을 때 우리는 물을 마셨다.

جب اُنہوں نے کھانا کھایا تب ہم نے پانی پیا۔

비록 그녀가 예쁠지라도 최고의 여성은 아닐 것이다.

اگرچہ وہ خُوبصورت ہے توبھی سب سے اچھی عَورت نہیں ہوگی۔

그녀는 좋은 여성이기 때문에 그녀는 나에게 음식을 준다.

چُونکہ وہ اچھّی عَورت ہے، اس لئے وہ مُمجھے کھانا دیتی ہے۔

응용해서 말하기 🎧 9-3

Dialog 1 **이유 설명하기**

A: آپ کل کیوں دفتر نہیں آئے؟

B: چُونکہ مَیں بیمار تھا، اس لئے دفترمیں نہیں آسکتاتھا۔

A: کیا آپ ابھی ٹھیک ہیں؟

B: مَیں ٹھیک ہُوں کیونکہ مَیں نے دوا کھائ۔

A : 당신은 어제 왜 사무실에 오지 않았나요?

B : 저는 아팠기 때문에 사무실에 올 수 없었습니다.

A : 당신은 지금 당장은 괜찮으십니까?

B : 저는 괜찮습니다. 왜냐하면 약을 먹었습니다.

Dialog 2 **시점 묻기**

A: آپ نے کل کیا کیے؟

B: مَیں نے کل پڑھا۔

A: جب آپ پڑھ رہے تھے، تب کِس کےساتھ تھے؟

B: جب مَیں پڑھ رہا تھا تب مَیں اُستاد ان کےساتھ تھا۔

A : 어제 당신은 무엇을 했습니까?

B : 저는 어제 공부를 했습니다.

A : 당신이 공부할 때, 누구와 함께 있었습니까?

B : 내가 공부를 할 때, 저는 안선생님과 함께 있었습니다.

다음 보기를 보고 빈칸을 채워 보세요.

| 보기 |

اگر	چُونکہ	اگرچہ	کو	تو بھی	جب	تو

اگر میں جاوں، _____ وہ جا ئے؟

میں اُردُو پڑھنے _____ پاکستان میں گیا تھا۔

_____ میں بیمار تھا، اس لئے میں دفترمیں نہیں آ سکتاتھا۔

_____ وہ خُوبصورت ہے توبھی سب سے اچھی عورت نہیں ہوگی۔

اگر چہ میں جاوں _____ وہ خُوش نہیں ہوگی۔

_____ میں پڑھا تب میں اُستاد آن کے ساتھ تھا۔

복습하기

다음 한국어를 우르두어로 말해 보세요.

1 렌터카를 사용하기 위해서 제가 어디로 갈까요?

_____

2 물을 마시는 것은 중요하다.

_____

3 비록 그녀가 가장 예쁠지라도 내 아내보다 예쁘지는 않다.

_____

4 그들이 음식을 먹을 때 우리는 물을 마셨다.

_____

5 나는 우르두어를 배우기 위해 파키스탄에 왔다.

_____

6 그녀는 행복할 것이다. 왜냐하면 내가 갈 것이기 때문이다.

_____

7 그녀는 좋은 여성이기 때문에 나에게 음식을 준다.

_____

초대하기   실제로, 저는 파키스탄 음식을 특히 좋아합니다.

یقیناً، مُجھے پاکستانی کھانا خُصوصاً پسند ہے۔

🎧 10-1

지산 : 우리 집에 오신 걸 환영합니다.   [메레 가르메 ㅋ후쉬 암디드.]

میرے گھر میں خوش آمدید۔

이 분이 제 아내고 제 아들, 딸들입니다.   [에 메리 비위، 베타 아오르 베띠얌 해앵.]

یہ میری بیوی، بیٹا اور بیٹیاں ہیں۔

진수 : 만나서 반갑습니다.   [무제 앞 쎄 밀까르 ㅋ후쉬 후이.]

مُجھے آپ سے مل کر خوشی ہوئی۔

지산 : 제 아들은 의사입니다. 그의 병원이 제 집 맞은 편에 있습니다.

[메라 베따 닥떠르 해. 우쓰까 허쓰삐딸 메레 가르 께 쌈네 해.]

میرا بیٹا ڈاکٹر ہے اُس کا ہسپتال میرے گھر کے سامنے ہے۔

제 딸들도 의사입니다. 그래서 그들은 교대로 일을 합니다.

[메리 베띠얌 비 닥떠르 해앵. 또 워 바리바리 깜 까르띠 해앵.]

میری بیٹیاں بھی ڈاکٹرہیں، تو وہ باری باری کام کرتی ہیں۔

저희 집에 지금 고양이도 있습니다. 의자 밑에 있군요.

[메레 가르 메 아브 빌리 비 해. 꾸르씨 께 니쩨 해.]

میر ے گھر میں اب بِلّی بھی ہے۔ کُرسی کے نیچے ہے۔

진수 : 제 고양이는 항상 저와 제 아내 사이에서 자곤 했지요.

[메리 빌리 하메샤 메 아오르 메리 비위 께 다르미안 소띠 티.]

میری بِلّی ہمیشہ میرے اور میری بِیوی کے درمیان سوتی تھی۔

지산 : 아내가 "당신을 위해 제가 파키스탄 음식을 준비해 놓았습니다"라고 말합니다.

[메리 비위 께흐띠 해 께 앞 껠리에 메 네 빠끼쓰따니 카나 띠야르 끼야 해.]

میری بیوی کہتی ہے کہ آپ کے لئے میں نے پاکستانی کھانا تیار کیاہے۔

진수 : 대단히 감사합니다. 실제로, 저는 파키스탄 음식을 특히 좋아합니다.

[보후뜨 슈그리야. 야끼난, 무제 빠끼쓰따니 카나 ㅋ후쏘싼 뻐썬드 해.]

بہت شُکریہ، یقیناً، مُجھے پاکستانی کھانا خُصوصاً پسند ہے۔

단어와 숙어 익히기

~میں خوش آمدید	~에 오신 것을 환영합니다
~سے مل کر خوشی ہونی	~를 만나서 반갑습니다
ڈاکٹر	의사
ہسپتال	병원
کے سامنے	~ 앞에
بھی	또한, 역시
باری باری	교대로
اب	지금
کے نیچے	~밑에
ہمیشہ	항상
کے درمیان	~사이에
کہنا	말하다
تیار کرنا	준비하다
یقیناً	실제로, 확실히
خُصوصاً	특별히

يقيناً، مُجهے پاکستانی کھانا خُصوصاً پسند ہے۔

Q 우르두어 가족관계 호칭

우르두어는 우리나라만큼이나 복잡한 가족관계 호칭을 가지고 있다. 친가와 외가를 구별하고 더 나아가 손위, 손아래를 구별하기도 한다.

의미	발음	표기	의미	발음	표기
남편	쇼헤르	شوہر	아내	비위	ـبیوی
아들	베따	بیٹا	딸	베띠	بیٹی
아빠	압바 바쁘	ابّا باپ	엄마	암미 마	امّ ماں
형,제,오빠	바이	بھائی	형제의 아내	바비 바와즈	بھابی بھاوج
누이	베헨	بہن	누이의 남편	베헤노이	بہنوئی
친할아버지	다다	دادا	친할머니	다디	دادی
외할아버지	나나	نانا	외할머니	나니	نانی
사위	다마드	داماد	며느리	바후	بہو
손위 삼촌	따야	تایا	손위 숙모	따이	تائی
손아래 삼촌	짜짜	چچا	손아래 숙모	짜찌	چچی
외삼촌	마무	ماموں	외숙모	무마니	مُمانی
고모	푸피	پُھوپھی	고모부	푸파	پُھوپھا
이모	ㅋ할라	خالہ	이모부	ㅋ할루	خالُو
손자	뽀따	پوتا	손녀	뽀띠	پوتی
외손자	노아싸	نواسا	외손녀	노아씨	نواسی
남자사촌	뤠슈떼까 바이	رشتے کا بھائی	여자사촌	뤠슈떼끼 베헨	رشتے کی بہن
시아버지,장인	쑤써르	سُسر	시어머니,장모	싸쓰	ساس
시숙	제트	جیٹھ	처남	쌀라	سالہ
시동생	데와르	دیور	처형, 처제	쌀리	سالی
시누이	난드	نند	올케	바비	بھابی

✎ 현지인 여성들 사이에서 자주 사용되는 '바지(بھاجی)'는 친근하게 높여 부르는 말로 우리말 '언니'라는 뜻의 호칭이다.

99

문법 따라잡기

1 부사

형용사는 호나동사와 함께 서술어 기능을 하는 서술적 용법, 그리고 명사를 앞에서 꾸며 주는 한정적 용법이 있었다. 즉 형용사는 명사를 설명해 준다. 반면에 부사는 명사가 아니라 동사와 함께 쓰여 동사에 의미를 부여해 준다. 따라서 부사를 많이 익히면 더욱 생동감있는 의사소통이 가능하다.

○ 우르두어 주요 부사

의미	발음	표기	의미	발음	표기
지금	아브	اب	오직	씨르프	صِرف
지금당장	아비	ابھی	조금	토라	تھوڑا
요즘	아즈깔	آج کل	빨리	잘디 쎄	جلدی سے
항상	하메샤	ہمیشہ	확실히, 물론	빌꿀	بِالکل
매일	하로즈	ہر روز	실제로, 분명	야끼난	یقیناً
자주	악샤르	اکثر	일단	포란	فوراً
때때로	까비까비	کبھی کبھی	예를 들면	마샬란	مشلاً
갑자기	아차낙	اچانک	우연히	이뜨파끄 쎄	اتفاق سے
아직	아비 탁	ابھی تک	아마도	샤이드	شاید
현재	필 할	فی الحال	특히	ㅋ후쏘싼	خُصوصاً
곧	잘디	جلد ہی	대략	따끌리반	تقریباً
교대로	바리바리	باری باری	혼자	아껠라/아껠리	اکیلی / اکیلا
일반적으로	우모만	عُموماً	어디서나	하르 자가	ہر جگہ

2 후치사구

영어에 '전치사구'가 있는 것처럼 우르두어에는 '후치사구'가 있다. '구'란 단어가 두 개 이상 모여 하나의 품사 기능을 하는 것이다. '후치사구'는 후치사와 다른 단어가 모여 부사로서 기능한다. 따라서 후치사구는 부사구이기도 하다. 이러한 후치사구는 개별 후치사처럼 앞에 오는 명사나 형용사의 어미를 변화시킨다.

◯ 부사로 기능하는 주요 후치사구

의미	발음	표기	의미	발음	표기
~ 아래에	께 니쩨	کے نیچے	~ 위에	께 우뻬르	کے اُوپر
~ 앞에	께 쌈네	کے سامنے	~ 뒤에	께 삐체	کے پیچھے
~ 전에	쎄 뻬헬레	سے پہلے	~ 후에	께 바드	کے بعد
~ 안에	께 안다르	کے اندر	~ 밖에	께 바헤르	سے باہر
~ 함께	께 사트	کے ساتھ	~ 없이	께 바게르	کے بغیر
~ 사이에	께 다르미안	کے درمیان	~ 중간에	께 비쯔메	کے بیچ میں
~ 따르면	께 무따버끄	کے مطابق	~ 대항하여	께 ㅋ할라프	کے خلاف
~ 둘레에	께 기르드	کے گِرد	~ 너머에	께 빠르	کے پار
~ 관하여	께 바래메	کے بارے میں	~ 위해서	껠 리에	کے لئے
~ 쪽으로	끼 따라프	کی طرف	~ 처럼	끼 따르하	کی طرح

3 화법

우드두에서도 화법이 존재한다. 하지만 영어에서 말하는 간접화법은 아예 없다고 생각하는 것이 속 편하다. 직접화법을 그대로 사용하되, 따옴표를 쓰지 않고 문장을 접속사 '께(کہ)'로만 연결하면 된다.

◉ 그는 나에게 "당신은 선생님입니까?"라고 물었다. [우쓰 네 무제 쎄 뿌차 께 끼아 앞 우스따드 해.]

أُس نے مُجھ سے پُوچھا کہ کیا آپ أُستاد ہے

'께(کہ)'는 종속적인 명사절을 만들 때도 사용된다. 두 개의 문장을 '께(کہ)'로 연결하면 종속절은 주절의 주어나 목적어, 또는 보어로서 기능한다.

◉ 나는 그녀가 행복해지는 것을 원합니다. [메 짜흐따 홍 께 워 ㅋ후쉬 레해.]

میں چاہتا ہُوں کہ وہ خوش رہے

표현 따라하기 🎧 10-2

1 부사와 후치사구

요즘 당신은 자주 파키스탄 음식을 먹습니까?

کیا آج آپ پاکستانی کھانا اکثر کھاتے ہیں؟

나는 오직 내 아내만을 좋아한다.

مُجھے صِرف میری بیوی پسند ہے۔

그녀들은 파키스탄에서 때때로 한국 음식을 먹을 수 있었다.

وہ پاکستان میں کبھی کبھی کوریا کا کھانا کھا سکتی تھیں۔

2 후치사구

그는 갑자기 사업에 관하여 말했다.

وہ اچانک کاروبار کے بارے میں بولا۔

집 안으로 들어가지 마세요

گھر کے اندر نہ جانا۔

우리는 당신 없이 이 일을 할 수 없습니다.

ہم آپ کے بغیر یہ کام نہیں کر سکتے ہیں۔

응용해서 말하기

Dialog 1 재촉하기

A: کیا تُم ابھی تک تیار نہیں ہو؟

B: تقریباً، ایک گھنٹے کے بعد تیار ہوگا۔

A: جلدی کرو۔ ہم سب کو دیر ہوگی۔

B: بلکل۔

A : 너 아직 준비 안 했어?

B : 대략 1시간 후면 준비될 것 같아.

A : 빨리 해. 우리 모두 늦겠어.

B : 물론이야.

Dialog 2 위치 설명하기

A: کیا میری کِتاب میز کے نیچے ہے؟

B: جی نہیں، آپ کی کِتاب میز کے اُوپر ہے۔

A: کیا میز آپ کے پیچھے ہے؟

B: جی نہیں، میز میری بیوی کے سامنے ہے۔

A : 제 책은 책상 밑에 있습니까?

B : 아니요, 당신 책은 책상 위에 있습니다.

A : 책상은 당신 뒤에 있습니까?

B : 아니요, 책상은 제 아내 앞에 있습니다.

문장 훈련하기

다음 밑줄 친 부분을 채워 보세요.

나는 <u>우연히</u> 그를 보았다.

میں ــــــــــــ نے اسے دیکھا۔

파키스탄 사람들은 <u>대체로</u> 좋다.

پاکستانی ــــــــــــ اچھا ہے۔

<u>예를 들면</u>, 파키스탄이 이슬람 국가이다.

ــــــــــــ پاکستان اسلام کا مُلک۔

그녀는 <u>아마</u> 당신을 알 것이다.

وہ ــــــــــــ آپ کو جانتی ہے۔

나는 <u>어디서나</u> 한국인이다.

میں ــــــــــــ کورین ہُوں۔

그녀는 시장에 <u>혼자</u> 가지 않는다.

وہ بازار ــــــــــــ نہیں جاتی۔

너는 내 <u>엄마처럼</u> 말한다.

تُم میری امّی ــــــــــــ کہتی ہو۔

복습하기

다음 한국어를 우르두어로 말해 보세요.

1 우리 집에 오신 걸 환영합니다.

_____

2 당신을 만나서 반갑습니다.

_____

3 내 고양이는 나와 내 아내 사이에서 잤다.

_____

4 아내가 "당신을 위해 제가 파키스탄 음식을 준비해 놓았습니다"라고 말합니다.

_____

5 실제로, 저는 파키스탄 음식을 특히 좋아합니다.

_____

6 요즘 당신은 자주 파키스탄 음식을 먹습니까?

_____

7 우리는 당신 없이 이 일을 할 수 없습니다.

_____

목적격 후치사

병원 이용하기

제 머리와 배에
통증이 있습니다.

میرے سر اور پیٹ میں درد ہیں -

🎧 11-1

의사 : 당신의 증상에 대해 설명해 주십시오.　　　　　　　[아쁘네 알라마뜨 께 바레메 베안 끼지에.]

اپنی علامات کے بارے میں بیان کیجئیے -

진수 : 제 머리와 배에 통증이 있습니다. 설사도 합니다.
　　　　　　　[메레 싸르 아오르 뻬뜨 메 다르드 해앵. 이쓰할 비 해.]

میرے سر اور پیٹ میں درد ہیں - اِسہال بھی ہے -

의사 : 언제부터 통증이 있었습니까?　　　　　　　[깝 쎄 다르드 호 라하 해?]

کب سے درد ہو رہا ہے؟

진수 : 어제 친구를 만났어요. 함께 식사를 한 뒤부터 배가 아팠습니다.
　　　　　　　[깔 메 도스트 쎄 밀라. 카네 께바드 뻬뜨 메 다르드 타.]

کل میں دوست سے مِلا - کھانے کے بعد پیٹ میں درد تھا -

의사 : 현기증이 있나요?　　　　　　　[꺄 앞꼬 짜꺼르 아떼 해엥?]

کیا آپ کو چکر آتے ہیں؟

진수 : 아니요, 하지만 토할 것 같아요.　　　　　　　[지 내히, 레킨 무제 울띠야 아띠 해.]

جی نہیں، لیکن مُجھے اُلٹیاں آتی ہے -

의사 : 소화불량입니다. 제가 처방전을 드릴게요.
　　　　　　　[앞까 하즈마 아차 내히. 메 누쓰ㅋ하 따저비즈 까룽가.]

آپ کا ہضمّا اچھّا نہیں، میں نُسخہ تجویز کرونگا -

당신은 열도 있습니다. 간호사와 약사에게 이 약을 요청하십시오.
　　　　　　　[앞 꼬 부하르 비 해. 널쓰 아오르 도아싸즈 쎄 예 도아 만그엥.]

آپ کو بخار بھی ہے - نرس اور دوا ساز سے یہ دوا مانگیں -

진수 : 당신은 참 친절하십니다.　　　　　　　[앞 보흐뜨 메헤르반 해엥.]

آپ بہت مہربان ہیں -

단어와 숙어 익히기

علامات	증상
بیان کرنا	설명하다
سر	머리
پیٹ	배
اِسہال	설사
درد	통증
چکر انا	현기증 나다
اُلٹی آنا	구토가 나다
ہضم	소화
نسخہ	처방전
تجویز کرنا	제안하다
بخار	열
نرس	간호사
دوا ساز	약사
دوا	약
مانگنا	요청하다
مہربان	친절한
غیر ملکی	외국인
مہمان	손님
اِس وجہ سے	이런 이유로
کی عزت کر	~을 존경하다

106

의사 : 외국인은 우리의 손님입니다.

[게르물끼 함아레 메흐만 해.]

غیر ملکی ہمارے مِہمان ہے۔

그래서 파키스탄 사람들은 그들에게 존경을 표합니다.

[이쓰와자 쎄 빠끼쓰따니 로그 운 끼 이자뜨 까르떼 해엥.]

اِس وجہ سے پاکستانی لوگ اُن کی عزت کرتے ہیں۔

🔍 통증과 증상 표현하기

• 머리가 아프거나 배가 아프다 등을 표현할 때는 '～에 통증이 있다'로 표현한다.

→ [~메 다르드 해]

~میں درد ہے

• 열이 나면 '나는 열이 있다'가 아니라 '나에게 열이 있다'로 표현한다. → [무제 부까르 해]

مُجھے بخار ہے

• 현기증, 구토 증세, 설사 등은 무제(مُجھے)와 아나(آنا)를 사용해서 주로 '나에게 ～가 온다'로 표현한다.

→ [무제 짜꺼르 아떼 해엥]

مُجھے چکر آتے ہیں

• 일반적인 배앓이를 할 때는 '배가 안좋다'로 많이 표현한다.

→ [뻬뜨 ㅋ허라브 해]

پیٹ خراب ہے

✎ 증상이 계속되고 있음을 강조하기 위해 호나와 아나의 진행형을 쓰기도 한다.

'～가 계속 아픕니다'

→ [~메 다르드 호 라하 해]

~میں درد ہو رہا ہے

文법 따라잡기

---

1 목적격 후치사

우르두어 문장을 만드는 데 가장 실수하기 쉬운 부분의 하나는 목적격 후치사다. 목적격 후치사란 문장에서 목적어 뒤에 붙는 후치사를 말하는데, 문제는 목적어가 뜻은 동일하게 '～에게(의미상 간접목적어)' 또는 '～을/를(의미상 직접목적어)'로 번역되지만 동사에 따라 쓰이는 후치사가 다르다. 따라서 동사를 암기할 때 목적격 후치사도 함께 암기해야 하는 어려움이 있다.

앞서 4과에서 '~에게'는 후치사 '꼬(کو)'가 사용된다고 배웠다. 그러나 어떤 동사는 '~에게'로 번역되는 목적어 앞에 다른 후치사가 사용된다. 마찬가지로 '~을/를'로 번역되는 경우도 동사에 따라 각기 다른 후치사가 오기도 한다.

(1) '~에게'로 번역되는 간접목적격 후치사

Q. 간접목적어 뒤에 '쎄(سے)'가 오는 동사

의미	발음	표기
~에게 기도하다	~쎄 두아 까르나	سے دعا کرنا
~에게 질투하다	~쎄 하싸드 까르나	سے حسدکرنا
~에게 묻다	~쎄 뿌츠나	سے پُوچھنا
~에게 요청하다	~쎄 만그나	سے مانگنا
~에게 시집(장가)가다	~쎄 샤디 까르나	سے شادی کرنا
~에게 화나다	~쎄 나라즈 호나	سے ناراض ہونا
~에게 거짓말하다	~쎄 추뜨 볼르나	سے جُھوٹ بولنا
~에게 약속하다	~쎄 와다 까르나	سے وعدہ کرنا
~에게 복수하다	~쎄 바드라 레나	سے بدلہ لینا
~와 싸우다	~쎄 라르나	سے لڑنا

⑩ 그에게 그의 이름을 물어 보세요.   [우쓰 쎄 우쓰까 남 뿌츠오.]

أُس سے اُس کا نام پُوچھو۔

✎ 결혼하는 행위를 말하면 '샤디 까르나' 결혼한 상태를 말하면 '샤디 호나'이다.

⑩ 그녀는 결혼했어. (기혼이야)   [워 샤디 후이.]

وہ شادی ہوئی۔

Q. 간접목적어 뒤에 '까(کا)'가 오는 동사

의미	발음	표기
~에게 감사하다	~까 슈끄르 까르나	کا شُکر کرنا
~에게 순종하다	~까 허껌 만나	کاحکم ماننا
~에게 대항하다	~까 무까블라 까르나	کا مُقابلہ کرنا
~에게 대답하다	~까 주와브 데나	کا جواب دینا

✎ 이 책에서는 편의상 '간접목적격 후치사'로 표현했지만 우리나라 문법에서는 이처럼 '에게'로 번역되는 간접목적격 후치사를 '여격 부사'라고 부른다. 한편,

영어에서는 4형식 문장의 간접목적어에 전치사를 붙여 3형식문장으로 바꾸면 간접목적어는 더이상 목적어가 아니라 부사구가 된다.

예 신에게 순종해라.

[ㅋ후다 까 후껌 만오]

خُدا کا حکم مانو۔

(2) '~을/를'로 번역되는 직접목적격 후치사

보통 직접목적어로 쓰이는 명사가 사람이나 동물이면 '꼬'를 쓰고 무생물이면 후치사가 없다. 그러나 아래 동사는 반드시 후치사가 와야 한다.

Q. 직접목적어 뒤에 '쎄(س)'가 오는 동사

의미	발음	표기
~을 거부하다	~쎄 인까르 까르나	سے انکارکرنا
~을 금지하다	~쎄 머나 까르나	سے منع کرو
~을 만나다	~쎄 밀나	سے ملنا
~을 피하다	~쎄 바쯔나	سے بچنا
~을 두려워하다	~쎄 다르나	سے ڈرنا

예 나쁜 남자를 피해라.

[부레 아드미 쎄 바쪼]

برے آدمی سے بچو۔

Q. 직접목적어 뒤에 '까(کا)'가 오는 동사

의미	발음	표기
~을 믿다	~까 야낀 까르나	کا یقین کرنا
~을 받을만 하다 (자격있다)	~까 하끄다르 호나	کا حقدار ہونا
~을 돌보다	~까 ㅋ히얄 라크나	کا خِیال رکھنا
~을 준비하다 (arrange)	~까 인뜨잠 까르나	کا انتظام کرنا
~을 고백하다, 인정하다	~까 이끄라르 까르나	کا اقرار کرنا
~을 따르다, 쫓아가다	~까 삐차 까르나	کا پیچھا کرنا
~을 기다리다	~까 인뜨자르 까르나	کا انتظارکرنا
~을 결정하다	~까 페쓸라 까르나	کا فیصلہ کرنا

예 당신은 그를 믿지 마세요.

[압 우쓰 까 야낀 나 까르나]

آپ اُس کا یقیں نا کرنا۔

109

Q. 직접목적어 뒤에 '끼(کی)'가 오는 동사

의미	발음	표기
~을 돕다	~끼 마드드 까르나	کی مدد کرنا
~을 시도하다	~끼 꼬쉬쉬 까르나	کی کوشش کرنا
~을 칭송하다	~끼 후마드 까르나	کی حمد کرنا
~를 칭찬하다	~끼 따리프 까르나	کی تعریف کرنا
~을 존경하다	~끼 이자뜨 까르나	کی عزت کرنا
~을 고치다	~끼 머르머뜨 까르나	کی مرمت کرنا
~을 추천하다	~끼 씨파러쉬 까르나	کی سفارش کرنا
~을 불평하다	~끼 쉬까야뜨 까르나	کی شکایت کرنا

예 우리가 당신을 도울 것입니다. [함 앞 끼 마드드 까렝게.]

ہم آپ کی مدد کریں گے۔

예 그는 항상 자기 아내를 불평한다. [워 하메샤 아쁘니 비위 끼 쉬까야뜨 까르따 해.]

وہ ہمیشہ اپنی بیوی کی شکایت کرتا ہے۔

Q. 직접목적어 뒤에 '꼬(کو)'가 오는 동사

의미	발음	표기
~을 부르다	~꼬 불라나	کو بُلانا
~을 안다	~꼬 잔나	کو جاننا
~을 세우다	~꼬 카라 까르나	کو کھڑا کرنا
~을 잊다	~꼬 불르나	کو بھُولنا
~을 용서하다	~꼬 마프 까르나	کو معاف کرنا
~을 속이다	~꼬 도까 데나	کو دھوکہ دینا
~을 안아주다	~꼬 가에 라가나	کو گلے لگانا
~을 회상하다	~꼬 야드 딜라나	کو یاد دلانا
~을 죽이다	~꼬 까뜰 까르나	کو قتل کرنا

예 내 잘못은 잊어요.

[메리 갈띠 꼬 불로.]

میری غلطی کو بُھولو۔

Q. 직접목적어 뒤에 '빠르(پر)'가 오는 동사

의미	발음	표기
~을 공격하다	~빠르 함라 까르나	پر حملہ کرنا
~을 점령하다	~빠르 까브자 까르나	پر قبضہ کرنا
~을 신뢰하다. 의지하다	~빠르 버로싸 까르나	پر بھروسا کرنا

예 그녀는 너를 의지했다.

[위 뚬 빠르 버로싸 까르띠 티.]

وہ تم پر بھروسا کرتی تھی۔

(표현 따라하기)

🎧 11-2

1 의미상 간접목적어(~에게) 후치사

그녀는 칸에게 시집갔다.

[우쓰 네 칸 쎄 샤디 끼.]

اُس نے خان سے شادی کی۔

내 말에 대답해.

[메리 바뜨 까 주와브 도.]

میری بات کا جواب دو۔

너는 나에게 감사하게 될 거야.

[뚬 메라 슈끄르 까로기.]

تُم میرا شُکر کروگی۔

② **의미상 직접목적어(~을/를) 후치사**

그는 나를 기다릴 것입니다.

[워 메라 인뜨자르 까레가.]

وہ میرا انتظار کرے گا۔

그들을 공격하지 마세요.

[운 빠르 함라 나 까르나.]

اُن پر حملہ نا کرنا۔

그녀는 가기를 시도했다.

[우쓰 네 자네 끼 꼬쉬쉬 끼.]

اُس نے جانے کی کوشش کی۔

우리는 회의를 준비할 것이다.

[함 잘쎄 까 인뜨잠 까렝게.]

ہم جلسے کا انتظام کریں گے۔

응용**해서 말하기** 🎧 11-3

Dialog 1 **약속**

A: اُس نے مُجھ سے وعدہ کیا ہے۔

B: اُس نے کیا وعدہ کیا ہے؟

A: وہ کل مُجھ سے ملے گی۔

B: اُس کا یقین نا کرنا۔

A : 그녀는 나에게 약속했습니다.

B : 그녀가 무엇을 약속했습니까?

A : 그녀는 내일 나를 만날 것입니다.

B : 그녀를 믿지 마세요.

Dialog 2 **거절**

A: وہ مجھ سے ملنے سے مانگا۔

B: وہ بُرا آدمی ہے وہ مُجھے دھوکہ دیتا تھا۔

A: مُجھے معلُوم ہے۔

B: اِس وجہ سے آپ اُس سے انکارکیا۔

A : 그가 저를 만나자고 요청했습니다.

B : 그는 나쁜 남자입니다. 그는 나를 속이곤 했습니다.

A : 알고 있습니다.

B : 그래서 당신은 그를 거부했군요.

문장 **훈련하기**

다음의 동사를 확인한 후, 밑줄 친 부분에 적절한 후치사를 넣어 보세요

میں نے اُس _____ ایک قلم مانگا ہے۔

اُس نے خان _____ شادی کی۔

مُجھے درد _____ بتاو۔

ہم آپ _____ مدد کریں گے۔

اُس نے جانے _____ کوشش کی۔

میں ان _____ گلے لگا۔

وہ تم _____ بھروسا کرتی تھی۔

복습하기

다음 한국어를 우르두어로 말해 보세요.

1 현기증이 있나요?

_____

2 저는 열이 있습니다.

_____

3 당신은 참 친절하십니다.

_____

4 어제 친구를 만났어요.

_____

5 제 머리와 배가 아픕니다.

_____

6 파키스탄 사람들은 외국인에게 존경을 표합니다.

_____

7 외국인은 우리의 손님입니다.

_____

8 그는 나를 속이곤 했다.

_____

9 그녀는 나를 기다릴 것이다.

_____

Lesson 12

이것이 왕이 살았던 왕국입니다.

یہ بادشاہی ہے جِس میں بادشاہ رہتاتھا۔

🎧 12-1

بادشاہی	왕국
بادشاہ	왕
ٹِکٹ گھر	매표소
ٹِکٹ	티켓
بیچنا	팔다
مہربانی کرکے	제발,실례지만
دروازہ	문
محل	궁전
خریدانا	사다
بادساہ	왕
ملکہ	왕비
اِتنا	이렇게 (많이)
زیادہ	많은
چیز	~것, 사물
پیار کرنا	사랑하다

진수 : 여기가 티켓을 파는 매표소입니까?　　　[꺄 야항 띠꺼뜨 가르 해 자항 앞 띠꺼뜨 베쯔테 해앵?]

کیایہاں ٹِکٹ گھر ہے جہاں آپ ٹِکٹ بیچتے ہیں؟

직원 : 실례지만, 저 문 앞에 있는 저 남자에게 물어 보세요.

[메헤르바니 까르께, 우쓰 아드미 쎄 뿌쵸 조 우쓰 다르와자 께 아게 해.]

مہربانی کرکے، اُس آدمی سے پُوچھو جو اُس دروازہ کے آگے ہے۔

진수 : 이곳이 궁전 안에 들어가기 위해 티켓을 사는 매표소입니까?

[꺄 예 띠꺼뜨 가르 해 자항 메헬 께 안다르 자네 껠리에 띠꺼뜨 ㅋ허리다다 홍?]

کیا یہ ٹِکٹ گھر ہے جہاں محل کے اندار جانے کےلئے ٹِکٹ خریدا تاہُوں۔

직원 : 네, 당신은 언제 들어가실 겁니까?　　　[지 하, 앞 깝 안다르 자엥게?]

جی ہاں، آپ کب اندار جا یں گے؟

진수 : 저는 지금 곧 들어가겠습니다.　　　[메 아비 자운가.]

میں ابھی جاؤنگا۔

직원 : 이것은 왕이 살았던 왕국입니다.　　　[예 바드샤히 해 지쓰 메 바드샤 뤠따 타.]

یہ بادشاہی ہے جِس میں بادشاہ رہتاتھا۔

진수 : 이 사람이 이 궁전을 왕비에게 주었다는 왕입니까?

[꺄 예 바드샤 해 지쓰 네 말까 꼬 예 메헬 디야?]

کیا یہ بادشاہ ہے جس نے ملکہ کو یہ محل دِیا؟

직원 : 네, 이렇게 많은 것을 가장 예뻤던 왕비에게 주었지요.

[지 하, 이뜨니 자다 치즈엥 말까 꼬 디인 조 써브 쎄 ㅋ홉쏘러뜨 티.]

جی ہا ں، اِتنی زیادہ چیزیں ملکہ کو دیں جو سب سے خُوب صورت تھی۔

진수 : 이 사람은 그녀를 가장 사랑했던 남자였군요.

[예 아드미 타 조 운 쎄 써브 쎄 자다 삐야르 까르따 타.]

یہ آدمی تھا جو اُن سے سب سے زیادہ پیار کر تا تھا۔

Q. '실례합니다(Excuse me)'로 쓸 수 있는 표현들

표기	발음	비고
مہربانی کرکے	메헤르바니 까르께	'메헤르바니(مہربانی)'는 본래 '친절' '호의'란 뜻으로 영어의 'Please (부디, 제발)'에 해당한다. 여기에 '까르께(کرکے)'를 붙이면 '실례합니다'가 된다.
مُعاف کیجئیے	무아프 끼지에	'무아프(مُعاف)'는 '용서'란 뜻이다. 따라서 '무아프 까르나(مُعاف کرنا)'는 '용서하다'이다. 그래서 이 문장은 '죄송합니다만' '실례합니다만'의 의미로 사용될 수 있다.

문법 따라잡기

1 **관계대명사**

영어에 관계대명사가 있는 것처럼 우르두어에도 관계대명사가 있다. 관계대명사는 두 문장을 한 문장으로 만든다는 점에서 일반 부사절과 유사하나, 부사절은 주절과 종속절이 각기 개별적인 주어와 목적어를 갖는 독립된 문장인데 반해, 관계대명사절은 주절과 종속절이 주어나 목적어(또는 명사보어)를 함께 공유한다는 점이 다르다. 그래서 관계대명사절은 주절의 주어나 목적어(또는 명사보어)에 대한 설명이자 대명사의 역할도 한다.

예 문장1) 나는 한 소녀를 사랑한다.   [메 에끄 라르끼 쎄 삐야르 까르따 훙.]

میں ایک لڑکی سے پیار کرتا ہُوں۔

문장2) 그녀는 간호사이다.   [워 널스 해.]

وہ نرس ہے۔

→ 나는 간호사인 한 소녀를 사랑한다.   [메 에끄 라르끼쎄 삐야르 까르따 훙 조 널스 해.]

میں ایک لڑکی سے پیار کرتا ہُوں جو نرس ہے۔

주절인 첫 문장에서 목적어인 '한 소녀'가 종속절인 두 번째 문장에서는 주어인 '그녀'다. 이 두 문장을 관계대명사로 연결하면 '나는 간호사인 한 소녀를 사랑한다'가 되는데 관계 대명사절인 두 번째 문장의 '그녀'를 설명하기 위해 관계대명사 '조(جو)'가 쓰였음을 알 수 있다.

관계대명사 '조(جو)'는 사람, 사물에 상관없이 사용되므로 영어의 관계대명사 'Who'나 'Which'이다. 우르두어 관계대명사절도 주절에서 설명하는 명사 바로 뒤에 올 수 있다.

⓪ (내가 너에게 준 책)을 그가 읽는다. = 그가 책을 읽는다. + 내가 너에게 책을 주었다.

[워 끼다브 (조 메네 뚬꼬 디) 빠르따 해.]

وہ کِتاب جو میں نے تم کو دی پڑھتا ہے۔

관계대명사 '조(جو)'는 후치사를 만나면 '지쓰(جس)'가 된다. 즉 '조(جو) + 꼬(کو)'는 '지쓰 꼬(جس کو)'이다. '조(جو) + 쎄(س)'는 '지쓰 쎄(جس س)'이다. '조'의 복수형은 '진(جن)'이며 마찬가지로 '진꼬(جن کو)', '진쎄(جن س)' 등으로 표현된다.

2 관계부사

관계대명사는 명칭에서 알 수 있듯이 대명사의 기능을 한다. 그래서 관계사절을 통해 설명되는 단어('선행사'라고 부른다)는 명사이다. 관계부사도 앞에 오는 단어를 관계사절이 설명해 주지만 차이점은 앞에 오는 단어가 부사라는 점이 다르다. 가장 대표적인 관계부사로는 장소를 나타내는 '자항(جہاں)', 시간을 나타내는 '잡(جب)'이 있다.

⓪ 이 학교는 크다. + 당신은 그곳에서 우르두어를 배운다.]

  → 당신이 우르두어를 배우는 이 학교는 크다.   [예 이쓰꿀 자항 앞 우르두 빠르떼 해앵 버라 해.]

یہ اِسکول جہاں آپ اُردو پڑھتے ہیں بڑا ہے۔

⓪ 이 시간은 중요하다. + 우리는 그 시간에 우르두를 공부한다.]

  → 우리가 우르두를 공부하는 이 시간은 중요하다. [예 와끄뜨 잡 함 우르두 빠르떼 해앵 아험 해.]

یہ وقت جب ہم اُردو پڑھتے ہیں اہم ہے۔

표현 따라하기 🎧 12-2

이 사람이 어제 우리와 함께 시장에 갔던 그 소년이다.

[예 워 라르까 해 조 깔 함아레 싸트 바자르 개야.]

یہ وہ لڑکا ہے جو کل ہمارے ساتھ بازار گیا۔

내가 어제 보았던 그 여자가 이 사람이다.

[워 라르끼 조 메 네 깔 데키 예 해.]

وہ لڑکی جو میں نے کل دیکھی یہ ہے۔

내가 내일 만날 그 남자는 잘생겼다.

[워 아드미 지쓰 쎄 메 깔 밀룽기 ㅋ홉쏘러트 해.]

وہ آدمی جِس سے میں کل ملونگی خُوب صورت ہے۔

그가 그의 어머니가 선생님인 소년이다.

[워 라르까 해 지쓰끼 암미 우스따니 해.]

وہ لڑکا ہے جِس کی آمی اُستانی ہے۔

나는 네가 돈 준 그 남자가 아니야.

[메 워 아드미 내히 훙 지쓰꼬 뚬 네 뻬싸 디야 타.]

میں وہ آدمی نہیں ہُوں جِس کو تُم نے پیسہ دیا تھا۔

라호르는 내 친구들이 사는 그 도시이다.

[라호르 워 셰헤르 해 자항 메레 도스뜨 뤠떼 해엥.]

لاہور وہ شہر ہے جہاں میرے دوست رہتے ہیں۔

이곳이 내 아내가 태어난 그 시골이다.

[예 워 가옹 해 자항 쎄 메리 비위 뻬다 후이 티.]

یہ وہ گاؤں ہے جہاں سے میری بِیوی پیدا ہوئی تھی۔

응용해서 말하기 🎧 12-3

Dialog 1 **친구 소개**

A: کیا وہ آدمی تُمھارا دوست ہے جو تُم سے کل مِلا؟

B: وہ آدمی ہے جِس سے میں آج پہلی بار مِلا۔

A: آدمی جو اُس کے ساتھ ہنس رہا ہے تُمھارا دوست ہے؟

B: جی ہاں ، وہ میرا دوست ہے۔

A : 저 남자가 네가 어제 만난 친구인가?

B : 그는 제가 오늘 처음으로 만난 남자입니다.

A : 그와 함께 웃고 있는 남자가 네 친구니?

B : 네 그가 제 친구입니다.

Dialog 2 고향 묻기

آپ کہاں پیدا ہوئی؟ :A

میں سیول میں پیداہوئی۔ :B

کیا پاکستان نہیں تھا جہاں آپ پیدا ہوئی؟ :A

میرا آبائی شہر جہاں میں پیداہوئی کوریا ہے۔ :B

A : 당신은 어디서 태어나셨습니까?

B : 저는 서울에서 태어났습니다.

A : 파키스탄이 당신이 태어난 곳이 아니었습니까?

B : 제가 태어난 나의 고향은 한국입니다.

문장 훈련하기

다음의 밑줄 친 부분을 채워 보세요

یہ وہ لڑکا ہے _____ کل ہمارے ساتھ بازار گیا۔

یہ سکول _____ آپ اُردو پڑھتے ہیں بڑا ہے۔

یہ بادشاہی ہے _____ میر بادشاہ رہتاتھا۔

یہ وقت _____ ہم اُردو پرھتے ہیں اہم ہے۔

وہ ِکتاب _____ میں نے تم کو دی پڑھتا ہے۔

میں وہ آدمی نہیں ہُوں _____ کو تُم نے پیسہ دیا تھا۔

복습하기

다음 한국어를 우르두어로 말해 보세요.

1 우리가 어제 만난 그 소녀는 파키스탄 사람이 아니다.

_____

2 당신이 태어난 파키스탄은 아름답습니다.

_____

3 내 아내에게 불평하던 그 소녀가 내 딸이다.

_____

4 당신이 칭찬하고 있는 그 소년이 내 아들입니다.

_____

5 당신이 믿는 그 남자는 좋은 남자가 아니다.

_____

6 네가 기다리던 사람이 이 남자니?

_____

7 이곳이 궁전 안에 들어가기 위해 티켓을 사는 매표소입니까?

_____

8 이 사람은 그녀를 가장 사랑했던 그 남자였군요.

_____

Lesson 13

쇼핑하기 저 소녀가 입고 있는 옷이 좋아 보입니다.

وہ لڑکی کا پہنا ہوا کپڑا اچّھا لگتا ہے۔

🎧 13-1

단어와 숙어 익히기

تُحفہ	선물
پہننا	입다
لگنا	~해 보인다
	~라고 느낀다
افسوس	미안합니다
بیچنا	팔다
دیوار	벽
لگنا	걸다
ٹوپی	모자
اپنا	~소유의
دوپٹہ	도빠따(파키스탄 전통 여성용 목/가슴 가리개)
مہنگا	비싼
سستا	싼
کم قیمت	낮은 가격
دےدو	'주세요라는 뜻의 '도(دو)'를 강조하기 위해 흔히 쓰는 표현

진수 : 제 아내를 위한 선물이 필요합니다.   [무제 메리 비위 껠리에 에그 뚜흐파 짜히에.]

مُجھے میری بِیوی کے لئے ایک تُحفہ چاہئے۔

그녀가 어떤 선물을 좋아할까요?   [워 꼰싸 뚜흐파 빠싼드 까레기?]

وہ کونسا تُحفہ پسند کرےگی؟

직원 : 파키스탄 옷이 좋을 것 같습니다.   [빠끼쓰따니 까쁘레 아쳬 홍게.]

پاکستانی کپڑے اچّھے ہوں گے۔

진수 : 저 소녀가 입고 있는(입혀져 있는) 옷이 좋아 보입니다.   [워 라르끼 까 뻬흔아 후아 까쁘라 아차 라그따 해.]

وہ لڑکی کا پہناہوا کپڑا اچّھا لگتا ہے۔

직원 : 죄송합니다, 그건 다 팔았습니다.   [아프쏘쓰, 메 네 운꼬 싸레 베쪠 테.]

افسوس، میں نے اُن کو سارے بیچے تھے۔

진수 : 벽에 걸려있는 모자도 좋군요.   [디와르 빠르 라기 후이 또삐 비 아치 해.]

دیوار پر لگی ہوئی ٹوپی بھی اچّھی ہے۔

직원 : 이 도빠따와 함께 하면 더 좋을 겁니다.   [이쓰 도빠따 께 사트 쟈다 아차 호가.]

اِس دوپٹہ کے ساتھ زیادہ اچّھاہوگا۔

진수 : 당신 아내에게도 이 도빠따를 주셨나요?   [꺄 아쁘네 아쁘니 비위꼬 예 도빠따 디야 타?]

کیا آپ نے اپنی بِیوی کو یہ دوپٹہ دیا تھا؟

직원 : 저도 제 아내에게 주었고, 아주 좋아했습니다.   [메 네 비 아쁘니 비위 꼬 디야 타. 워 보흐뜨 빠싼드 까르띠 티.]

میں نے بھی اپنی بِیوی کو دیا تھا وہ بہت پسند کرتی تھی۔

진수 : 그러나 너무 비쌉니다. 싸지 않네요. 저에게 좀 깎아 주세요(낮은 가격으로 주세요).

[레낀 보흐뜨 맹가 해 싸쓰따 내히. 무제 깜 끼마뜨 메 데도.]

لیکن بہت مہنگا ہے سستا نہیں۔ مُجھے کم قیمت میں دےدؤ۔

> **문법** 따라잡기

① 분사

(1) 현재분사와 과거분사

동사의 일반적인 사용법을 배우면서 '동사어근 + 따/띠/테 + 호나동사'를 언급한 바 있다. 이를 기본으로 현재시제는 호나동사의 현재형을, 규칙과거 시제는 호나동사의 과거형을 사용했다.

이때 사용한 '동사어근 + 따/띠/떼'가 바로 '현재분사'이다. 따라서 현재분사형을 만드는 법에 대해서는 따로 배울 필요가 없다.

즉 동사의 현재시제는 '현재분사 + 호나동사의 현재형'으로 규칙과거 시제는 '현재분사 + 호나동사의 과거형'으로 이미 사용했던 것이다.

과거분사도 6과에서 이미 배웠다. 과거분사는 그 자체로 불규칙적인 과거시제를 나타낼 때 사용했으며 완료형에서도 쓰였다. 즉 현재완료는 '과거분사 + 호나동사의 현재형', 과거완료는 '과거분사 + 호나동사의 과거형'으로 만들어 졌다.

(2) 분사의 형용사적 용법

이번 과에서 새롭게 다룰 내용은 이러한 현재분사와 과거분사를 형용사적으로 사용하는 방법이다. 즉 분사가 명사를 수식한다. 지금까지 현재분사 과거분사는 서술어로 '~한다' '~했다'라는 동사로 사용되었는데 이를 '하는' '~해진'이라는 형용사로도 사용할 수 있다는 것이다.

① 형태

분사를 형용사로 사용하는 방법은 매우 간단하다. 분사 뒤에 수식하는 명사가 남성이면 '후아(ہوا)', 여성이면 '후이(ہوئ)', 남성복수형이나 존칭이면 '후에(ہوئے)'를 붙여주면 된다. 따라서 분사의 형용사적 용법은 아래의 형태를 갖는다.

분사 + 후아(ہوا)/후이(ہوئی)/후에(ہوئے) + 명사

'지금 ~ 하고 있는(~하는)'이란 뜻이라면 분사 자리에 현재분사를, '이미 ~해 버린(~해진)'이란 뜻으로 쓰고자 한다면 분사 자리에 과거분사를 쓰면 된다.

예 죽어가는 말들 (남성, 복수)   [마르떼 후에 고레]

مکرتے ہوئے گھڑے

불타버린 책들 (여성, 복수)   [잘리 후이 끼따벵]

جلی ہوئی کِتابیں

② 목적보어로 사용되는 현재분사

현재분사는 목적어의 행위를 설명하는 목적보어로도 사용된다. 이때, 목적어 앞에는 '꼬'를 붙이면 되며 주로 '보다' '듣다' 등의 동사와 함께 쓰인다.

예 나는 그가 말하는 것을 들었다.   [메 우쓰 꼬 볼떼 쑨따 타.]

میں اُس کو بولتے سنتا تھا۔

예 나는 도둑이 달리는 것을 보았다.   [메 네 쪼르 꼬 도르떼 데카.]

میں نے چورکودوڑتے دیکھا۔

✎ 이 경우, 현재분사형의 어미는 '에'로 바뀐다. [메 네 초르 꼬 도르따 데카(X)]

(3) 분사의 부사적 용법

분사는 부사구로도 사용될 수 있다. 형태는 형용사적 용법일 때와 같으나 명사를 꾸며주는 역할이 아니라 독립된 구문으로 '~하면서'로 번역된다.

예 그녀는 웃으면서 왔다.   [워 한쓰띠 후이 아이.]

وہ ہنستی ہوئی آئی۔

예 그녀는 웃으면서 책을 읽었다.   [우쓰 네 한쓰떼 후에 끼따브 빠르히.]

اُس نے ہنستے ہوئے کِتاب پڑھی۔

✎ 타동사의 과거형으로 '네'가 쓰인 경우 현재분사형의 어미도 '에'로 바뀐다.

[우쓰 네 한쓰띠 후이 끼다브 빠르히(x)]

(4) 분사의 특수표현

분사를 사용하는 관용적 표현들이 있다. 이를 숙지하면 보다 쉽게 관련된 표현을 할 수 있다.

~ 하는 버릇이 있다(있었다) : 과거분사 + 까르따 해(까르따 타)

예 나는 일찍 일어나는 버릇이 있다.   [메 쏘웨레 우타 까르따 훙.]

میں سویرے اُٹھا کرتاہوں

～ 를 계속 하고 있다 : 현재분사 + 레흐따 해(레흐따 타)

⑩ 나는 계속 책을 읽고 있었다. [메 끼다브 빠르따 라타 타.]

میں کتاب پڑھتا رہتاتھا

2 소유격 재귀대명사 '아쁘나'

우르두어에는 소유격 재귀대명사가 있다. 남성명사 앞에는 아쁘나(اپنا), 여성명사 앞에는
아쁘니(اپنی), 남성복수나 존칭 앞에는 아쁘네(اپنے)를 쓴다. 인칭대명사의 소유격은 별도
로 존재하지만 명사를 강조하거나 재귀적 의미를 반복할 때 흔히 사용된다.

⑩ 그녀는 자기 아이들을 무척 사랑한다. [워 아쁘네 버쫑 쎄 보흐뜨 삐야르 까르띠 해.]

وہ اپنے بچوں سے بہت پیار کرتی ہے

표현 따라하기 🎧 13-2

벽에 걸린 옷이 좋습니다. [디와르 빠르 라가 후아 까쁘라 아차 해.]

دیوار پر لگا ہوا کپڑا اچّھا ہے۔

저 소녀에게 입혀진 모자가 좋습니다. [워 라르끼 까 뻬흔이후이 또삐 아치 해.]

وہ لڑکی کا پہنی ہوئی ٹوپی اچّھی ہے۔

호랑이는 섞은 고기는 먹지 않습니다. [찌따 싸라 후아 고쉬뜨 내히 카따 해.]

چیتا سڑا ہوا گوشت نہیں کھاتا ہے۔

나는 그가 말하는 것을 듣는다. [메 우쓰 꼬 볼떼 쑨따 훙.]

میں اُس کو بولتے سنتا ہُوں۔

나는 도둑이 달리는 것을 보았다. [메 네 쪼르 꼬 도르떼 데카.]

میں نے چورکودوڑتے دیکھا۔

그녀는 웃으면서 왔다. [워 한쓰띠 후이 아이.]

وہ ہنستی ہوئی آئی۔

그녀는 웃으면서 책을 읽었다. [우쓰 네 한쓰떼 후에 끼따브 빠르히.]

اُس نے ہنستے ہوۓ کتاب پڑھی۔

나는 일찍 일어나는 버릇이 있다.

[메 쏘웨레 우타 까르따 훙.]

میں سویرے اُٹھا کرتاہوں۔

응용해서 말하기   🎧 13-3

Dialog 1 신고하기

A: میرے پاس چوری ہوا سامان ہے۔

B: کیا آپ نے وہ چور دیکھا؟

A: جی ہاں، میں نے چور کو چُراتے دیکھا۔

B: آپ نے کُرسی پر بیٹھے ہوئے چور کو دیکھا۔

A : 저는 도둑맞은 짐이 있습니다.

B : 당신은 도둑을 보셨습니까?

A : 네, 도둑이 훔치는 것을 보았습니다.

B : 의자에 앉아서 도둑을 보셨군요.

Dialog 2 깨진 컵

A: مُجھے پانی پینا چاہئے۔

B: اِس پیالے میں پانی ہے۔

A: یہ ٹُوٹا ہوا پیالہ ہے۔

B: خدایا، ٹُوٹے ہوئے پیالے میں پانی تھا۔

A : 저는 물을 마시고 싶습니다.

B : 이 컵에 물이 있습니다.

A : 이것은 깨진 컵인데요.

B : 오 저런, 깨진 컵에 물이 있었군요.

125

다음 밑줄 친 부분을 채워 보세요.

소년은 불탄 책을 본다.

لڑکا _____ کتاب دیکھتاہے۔

소년은 불탄 책을 보았다.

لڑکے نے _____ کتاب دیکھتی ہے۔

소년은 불탄 책들을 본다.

لڑکا _____ کتابیں دیکھتا ہے۔

소년은 불탄 책들을 보았다.

لڑکے نے _____ کتابیں دیکھتیں تھیں۔

그녀는 말하면서 왔다.

وہ _____ آئی۔

그녀는 걸으면서 자신의 책을 읽었다.

اُس نے _____ اپنی ِکتابپڑھی۔

복습하기

다음 한국어를 우르두어로 말해 보세요.

1 저 소녀가 입고 있는(저 소녀에게 입혀져 있는) 옷이 좋아 보인다.

_____

2 죄송합니다. 저는 그것을 다 팔았습니다.

_____

3 벽에 걸려있는 모자가 좋군요.

_____

4 의자에 앉아서 도둑을 보셨습니까?

_____

5 나는 도둑이 달리는 것을 보았다.

_____

6 나는 계속 책을 읽고 있었다.

_____

7 그녀는 자신의 아이들을 무척 사랑한다.

_____

人

Lesson **14**

출국 수속하기

당신 짐은 인천으로
보내질 것입니다.

آپ کا سامان اِنچون بھیجا جائے گا۔

🎧 14-1

직원 : 당신은 한국에서 오셨습니까?　　　　　　　　　　[꺄 앞 꼬리야쎄 아에 해앵?]

كيا آپ كوريا سے آئے ہيں؟

진수 : 네, 저는 한국에서 왔습니다. 그리고 저는 지금 돌아가는 중입니다.

[지 하, 메 꼬리야세 아야 훙. 아오르 아브 메 꼬리야 꼬 와빠스 자 라하 훙.]

جی ہاں، میں کوریا سے آیاہوں اور اب میں کوریا کو واپس جارہاہوں۔

직원 : 당신은 방콕으로 먼저 가실 것입니까?　　　　　　[꺄 뻬헬레 앞 밴꺽 자엥게?]

كيا پہلے آپ بينكاك جائيں گے؟

진수 : 네, 방콕에서 비행기를 갈아탈 것입니다.　　　　　[지하, 밴꺽 메 하와이 자하즈 버들룽가.]

جی ہاں، بينكاك ميں ہوائی جہاز بدلونگا۔

직원 : 당신은 짐이 있으십니까?　　　　　　　　　　　　[앞 께 빠쓰 싸만 해?]

آپ کے پاس سامان ہے؟

진수 : 네, 이것이 제 짐입니다.　　　　　　　　　　　　[지 하, 예 메라 싸만 해.]

جی ہاں، یہ میرا سامان ہے۔

직원 : 실례지만, 당신 짐이 열려있네요.　　　　　[무제 아프쏘스 해, 앞 까 싸만 쿨라 후와 해.]

مُجھے افسوس ہے، آپ کا سامان کُھلا ہُوا ہے۔

진수 : 감사합니다, 제 짐은 어디로 보내지나요?　　　　[슈끄리야, 메라싸만 까항 베자 자에가?]

شُکریہ میرا سامان کہاں بھیجا جائےگا؟

직원 : 당신 짐은 인천으로 보내질 것입니다.　　　　　　[앞 까 싸만 인천 베자 자에가.]

آپ کا سامان اِنچون بھیجا جائَ گا۔

진수 : 좋군요, 비행기는 정시에 출발하나요?　　　　[아차, 하와이 자하즈 와끄뜨 빠르 우레가?]

اچّھا، ہوائی جہاز وقت پر اُڑے گا؟

단어와 숙어 익히기

واپس جانا	돌아가다
ہوائی جہاز	비행기
بدلنا	갈아타다, 바꾸다
مُجھے افسوس ہے	실례지만, 죄송하지만
کھولنا	열다
بھیجنا	보내다
وقت پر	정시에
اُڑنا	날다
دیر	늦은

128

직원 : 30분 지연될 예정입니다.

[띠쓰 미니뜨 데르 호가.]

تیس منٹ دیر ہوگا۔

이 책에서는 외래어 발음을 우르두 표기대로 기재하였다. 우르두어를 읽고 쓸때를 대비하여 그리 하였으나 말할 때는 영어 단어 본래의 발음을 그대로 사용해도 문제가 되지 않는다.

문법 따라잡기

1 수동태

우르두어에도 수동태가 있다. 수동태는 능동태에 대비되는 말로 동사의 행위 주체가 누구인지를 구별하기 위해 사용된다. 즉 능동태 문장에서 주어는 말 그대로 동작의 주체이지만 수동태 문장에서 주어는 동사의 행위를 당하는 객체이다.

예를 들어 '나는 보낸다' '내가 따돌렸다' 등의 문장에서 '나'는 보내고 따돌리는 동사의 주체이므로 이 문장은 능동태이다. 그러나 '나는 보내졌다' '나는 따돌림을 당했다'라는 문장에서 주어인 '나'는 행위의 주체가 아니라 객체가 되니 수동태이다.

영어에서 수동태 문장을 만들 때 과거분사를 사용하는데 우르두어도 이와 마찬가지다. 다만 영어의 수동태가 과거분사 앞에 be동사를 사용했다면 우르두어는 과거분사 뒤에 '가다'라는 의미의 '자나(جانا)동사'를 붙인다.

이처럼 주어가 동작의 객체가 되어 '~함을 당하다' '~해지다'란 의미로 표현되는 수동태 문장은 [주어 + 과거분사 + 자나동사] 형태로 만들어진다.

예 나는 보낸다 (능동태)

[메 베즈따 훙]

میں بھیجتا ہُوں

예 나는 보내진다 (수동태)

[메 베자 자따 해]

میں بھیجا جاتا ہے

2 **수동태의 시제**

수동태에서도 '~함을 당하다, ~함을 당할 것이다, ~함을 당했다'처럼 시제가 존재한다.
앞서 설명한 대로 수동태는 과거분사가 본동사로 사용되기 때문에 시제는 뒤에 오는 '자
나동사'의 시제만 변화시켜 주면 된다. 이 때 주의할 점은 '자나동사'는 모두 3인칭 단수
형을 써야 한다.

예 나는 보내진다 (수동태 현재)

[메 베자 자따 해]

میں بھیجا جاتا ہے

예 나는 보내질 것이다 (수동태 미래)

[메 베자 자에가]

میں بھیجا جائےگا

예 나는 보내졌다 (수동태 과거)

[메 베자 자따 타]

میں بھیجا جاتا تھا

예나는 보내져버렸다 (수동태 현재완료)

[메 베자 개야 해]

میں بھیجا گیا ہے

예 나는 보내져버렸었다 (수동태 과거완료)

[메 베자 개야 타]

میں بھیجا گیا تھا

표현 따라하기   🎧 14-2

두 명의 남자가 파키스탄에 보내진다.   [도 아드미 빠끼쓰딴 꼬 베제 자떼 해엥.]

دو آدمی پاکستان کو بھیجے جاتے ہیں۔

두 명의 남자가 파키스탄에 보내질 것이다.   [도 아드미 빠끼쓰딴 꼬 베제 자엔게.]

دو آدمی پاکستان کو بھیجے جا ئینگے۔

한 여성이 불려졌다.   [에끄 아우러뜨 불라이 자띠 티.]

ایک عَورت بُلائی جاتی تھی۔

두 여성이 불려졌었다.   [도 아우라뗑 불라이 개인 틴.]

دو عَورتیں بُلائی گئیں تھیں۔

내 아들에게 꽃 한송이가 주어질 것이다.   [메레 베떼 꼬 에끄 풀 디야 자에가.]

میرے بیٹےکو ایک پُھول دیا جائےگا۔

어제 나에게 책이 주어졌다.

[깔 무제 에끄 끼다브 디 개이.]

کل مُجھے ایک ِکتاب دی گئ.

Dialog 1 전쟁

> A: اِس جنگ میں کتنے لوگ شہید کئے گئے؟
>
> B: سو فوجی شہید کئے گئے۔
>
> A: کیا شہری شہید نہیں کئے گئے؟
>
> B: دس شہری زخمی کئے گئے۔

A : 이번 전쟁으로 얼마나 많은 사람이 죽음을 당했습니까?

B : 100명의 군인들이 죽음을 당했습니다.

A : 민간인들은 죽지 않았습니까?

B : 10명의 민간인이 부상을 당했습니다.

Dialog 2 평화

> A: وہ جنگ جس میں بہت لوگ شہید کئے گئے ختم ہو گئ۔
>
> B: آپ کو کیسے پتا ہے؟
>
> A: کل سفیر دونوں ملکوں میں بھیجے گئے ہیں۔
>
> B: جلدی ہی امن آئےگا۔

A : 많은 사람이 죽음을 당한 이 전쟁은 끝날 것입니다.

B : 어떻게 알 수 있습니까?

A : 어제 양국으로 특사가 보내졌습니다.

B : 곧 평화가 오겠군요.

다음 밑줄과 같이 답해 보세요.

군인은 전쟁에서 <u>죽음을 당한다</u>.

فوج جنگ میں _____

많은 군인들이 전쟁에서 <u>죽음을 당했다</u>.

بہت فوج جنگ میں _____

민간인들도 <u>죽음을 당할 것이다</u>.

شہری بھی _____

<u>평화의 서신이 보내질 것이다</u>.

امن کا خط _____

내 짐도 인천으로 <u>보내진다</u>.

میرا سامان اِنچون _____

복습하기

다음 한국어를 우르두어로 말해 보세요.

1 당신은 한국에서 오셨습니까?

_____

2 저는 지금 한국으로 돌아가는 중입니다.

_____

3 제 짐은 어디로 보내질 예정입니까?

_____

4 비행기는 정시에 뜰 예정인가요?

_____

5 30분 지연될 예정입니다.

_____

6 전쟁에서 군인들이 죽음을 당했습니다.

_____

7 두 여성이 불려졌었다.

_____

8 내 아들에게 꽃 한송이가 주어질 것이다.

_____

기내 서비스 만약 미리 주문하셨다면, 저희가 당신을 위해 준비했을 텐데요.

اگر آپ پہلے حکم دیتے تو ہم آپ کے لئے تیار کرتے۔

🎧 15-1

직원 : 승객 여러분, 안전벨트를 착용하시고 휴대폰은 꺼 주십시오.

[무싸피르, 아쁘니 벨뜨 반뎅 아오르 모바일 번드 까렝.]

مُسافِر اپنی بلٹ باندھیں اور موبائل بند کریں ۔

진수 : 제가 잠시만 휴대폰을 사용할 수 있습니까?

[꺄 메 토레 와끄뜨 껠리에 모바일 이스뜨말 까르 싹따 훙?]

کیا میں تھوڑے وقت کے لئے موبائل اِستعمال کر سکتا ہُوں؟

직원 : 죄송합니다, 지금 당장은 사용하실 수 없습니다. [아프쏘쓰, 아비 내히 까르 싹떼.]

افسوس ابھی نہیں کر سکتے ۔

만약 지금 휴대폰을 사용하시면, 벌금이 부과될 것입니다.

[아가르 아비 모바일 이스뜨말 까렝 또 앞꼬 주르마나 호가.]

اگر ابھی موبائل اِستعمال کریں تو آپ کو جُرمانہ ہوگا۔

진수 : 이해했습니다. 어쨌든 배가 고픈데요. [써머즈 아띠해. 헤르 메 부까 훙.]

سمجھ آتی ہے خیر میں بھُوکا ہُوں۔

채식주의자를 위한 채식이 가능한가요? [꺄 써브지ㅋ호르 껠리에 써브지카나 뭄낀 해?]

کیا سبزی خور کے لئے سبزی کھانا ممکن ہے؟

직원 : 만약 미리 주문하셨다면, 저희가 당신을 위해 준비했을 텐데요.

[아가르 앞 뻬헬레 후껌 데떼, 또 함 앞껠리에 띠야르 까르떼.]

اگر آپ پہلے حکم دیتے تو ہم آپ کے لئے تیار کرتے ۔

진수 : 오 저런, 만약 미리 알았었다면, 제가 주문을 드렸을텐데...

[메레 ㅋ후다야, 아가르 무제 뻬헬레 말룸 호따, 또 메 후껌 데따.]

میرے خدایا، اگر مُجھے پہلے معلُوم ہوتا تو میں حکم دیتا۔

직원 : 아쉽네요, 다음에는 미리 주문을 주십시오.

[메 마즈러뜨 짜흐띠 훙, 아글리 바르 뻬헬레 후껌 디지에.]

میں معذرت چاہتی ہُوں اگلی بار پہلے حکم دیجیے۔

단어와 숙어 익히기	
مُسافِر	승객
بلٹ	벨트
باندھنا	묶다, 채우다
موبائل	휴대폰
بند کرنا	닫다
تھوڑا وقت	잠시
اِستعمال کرنا	사용하다
جُرمانہ	벌금
سمجھ آنا	이해하다
خیر	어쨌든
بھُوکا	배고픈
سبزی خور	채식주의자
سبزی	채소
ممکن	가능한
تیار کرنا	준비하다
میرے خدایا	Oh my God!
معذرت	유감, 송구함
اگلی بار	다음에

문법 따라잡기

1 현재 가정

조건부사절 '만약 ~라면'이라는 뜻의 문장을 만들 때는 '아가르~, 또~'를 사용한다는 것을 설명한 바 있다. 잊지 말아야 할 것은 '아가르'를 사용하는 문장은 추정의 의미가 있음으로 의심과 허락을 나타내는 현재가정 표현법을 쓴다는 것이다. 이 점은 양보부사절 '비록 ~할지라도'라는 뜻의 '아가르 짜~, 또비~' 문장에서도 동일하다.

◯ 의심과 허락의 현재가정 표현법

인칭	표현법	인칭	표현법
나(남성/여성)	어근+웅(وُ)	우리들(남성/여성)	어근+엥(يں)
너(남성/여성) 당신(남성/여성)	어근+오(و) 어근+엥(يں)	너희들(남성/여성) 당신들(남성/여성)	어근+엥(يں) 어근+엥(يں)
그/그녀	어근+에(ے)	그들/그녀들	어근+엥(يں)

✎ 어근이 모음으로 끝나면 오(ؤ), 에(ئں), 엥(ئيں)이다.

예 만약 네가 다시 거짓말을 하면, 나는 너를 버릴지 몰라.

[아가르 뚬 피르 주뜨 볼로, 또 메 뚬꼬 니깔룽.]

اگر تُم پِھرجُھوٹ بولو ،تو میں تُم کو نکالُوں۔

예 비록 네가 다시 거짓말을 할지라도, 나는 너를 버리지 않을 걸.

[아가르 짜 뚬 피르 주뜨 볼로, 또비 메 뚬꼬 내히 니깔룽.]

اگرچہ تُم پِھرجُھوٹ بولو ،توبھی میں تُم کو نہیں نکا لُوں۔

✎ 현재가정이 반드시 '아가르'나 '아가르 짜' 절과 함께 쓰이는 것은 아니다. 영어의 'may'처럼 의심이나 허락을 나타내는 단문에서도 사용될 수 있다.

예 아마, 그가 갈지도 모르지.

[샤이드, 워 자에.]

شاید ، وہ جائے۔

2 과거 가정

영어에는 가정법과거를 써서 현재 사실의 반대를 가정하고 가정법과거완료를 써서 과거사실의 반대를 가정한다. 그러나 우르두어에서는 단순하게 현재는 '현재가정'으로 과거는 '과거가정'으로 표현한다. 즉 우르두어의 과거가정은 과거사실에 대한 반대되는 가정으로 의미상 영어의 가정법 과거완료와 같다. 우르두어 과거가정을 만드는 방법은 매우 간단하다. 현재가정에서 '웅/오/에/엥'으로 끝났던 동사를 과거가정에서는 현재분사(따/띠/떼)를 써주면 된다.

Q. 과거가정 표현법

[아가르 + 주어1 + 현재분사…, 또 + 주어2 + 현재분사…]

예 만약 네가 거짓말을 했었다면, 나는 너를 버렸을거다.   [아가르 뚬 주뜨 볼띠, 또 메 뚬꼬 니깔따.]

اگر تُم جُھوٹ بولتی، تو میں تُم کو نِکالتا۔

3 미래 가정

미래가정은 아직 벌어지지 않은 미래 사실에 대한 반대를 가정한다기 보다는 미래에 대한 일반적인 조건문으로 보면 된다. 따라서 주절과 종속절 모두 앞서 배운 미래시제형을 그대로 따른다. 가정문에서 자주 사용되어 한번 더 서술했다.

Q. 호나동사의 미래시제형

인칭	발음	문자	인칭	발음	문자
나(남성) 나(여성)	훙가 훙기	بُوں گا بُوں گی	우리들(남성) 우리들(여성)	훙게 훙기	بوں گے بوں گی
너(남성) 너(여성) 당신(남성) 당신(여성)	호게 호기 훙게 훙기	ہو گے ہو گی ہوں گے ہوں گی	너희들(남성) 너희들(여성) 당신들(남성) 당신들(여성)	훙게 훙기 훙게 훙기	ہوں گے ہوں گی ہوں گے ہوں گی
그 그녀	호가 호기	ہوگا ہوگی	그들 그녀들	훙게 훙기	ہوں گے ہوں گی

اگر آپ پہلے حکم دیتے تو ہم آپ کےلئے تیار کرتی۔

Q. 일반동사의 미래시제형(동사어근 뒤에 옴)

인칭	발음	문자	인칭	발음	문자
나(남성)	웅가	اُوں گا	우리들(남성)	엥게	یں گے
나(여성)	웅기	اُوں گی	우리들(여성)	엥기	یں گی
너(남성)	오게	و گے	너희들(남성)	엥게	یں گے
너(여성)	오기	و گی	너희들(여성)	엥기	یں گی
당신(남성)	엥게	یں گے	당신들(남성)	엥게	یں گے
당신(여성)	엥기	یں گی	당신들(여성)	엥기	یں گی
그	에가	ے گا	그들	엥게	یں گے
그녀	에기	ے گی	그녀들	엥기	یں گی

⟐ 만약 내 형이 다시 아프지 않는다면, 그는 내 방에서 잘 것이다.

[아가르 메라 바이 피르 비마르 내히 호가, 또 워 메레 까므레 메 쏘에가.]

اگر میرا بھائ پھر بیمار نہیں ہو گا تو وہ میرے کمرے میں سوئےگا۔

⟐ 만약 그가 오면, 당신께 알리겠습니다. [아가르 워 아에가, 또 메 앞꼬 ㅋ허버르 둥가.]

اگر وہ آئےگا تو میں آپ کو خبر دُونگا۔

표현 따라하기 🎧 15-2

1 현재 가정

만약 네가 가면, 그도 갈 거야. [아가르 뚬 자오, 또 워 비 자에.]

اگر تُم جاؤ تو وہ بھی جائے۔

만약 그가 안 오면 나에게 알려줘. [아가르 워 나 아에, 또 무제 ㅋ허버르 도.]

اگر وہ نہ آئے تو مُجھے خبر دو۔

2 과거 가정

만약 미리 주문하셨었다면, 우리가 준비했을 텐데요.

[아가르 앞 뻬헬레 후껌 데떼, 또 함 띠야르 까르떼.]

اگر آپ پہلے حکم دیتے تو ہم تیار کرتے۔

만약 그 소년이 결혼을 거부했었다면, 저 소녀는 그를 만나지 못했을 텐데요.

[아가르 워 라르까 샤디 쎄 인까르 까르따, 또 워 라르끼 우쎄 내히 밀띠.]

اگر وہ لڑکا شادی سے اِنکارکرتا تو وہ لڑکی اُس سے نہیں ِملتی۔

3 미래 가정

만약 그녀가 올 것이라면, 나도 갈것이다.

[아가르 워 아에기, 또 메 비 자웅가.]

اگر وہ آۓگی تو میں بھی جاؤنگا۔

만약 우리가 간다면, 그녀가 올까?

[아가르 함 자엥게, 또 꺄 워 아에기?]

اگر ہم جا ئیں گے تو کیا وہ آئےگی؟

응용해서 말하기   🎧 15-3

Dialog 1 **후회**

A: کل اُستاد میرے گھر میں آئے۔

B: اگر میں جاتا تو میں اُن سے ِملتا۔

A: وہ کل پھر آئیں گئیں۔

B: اگر وہ جا ئے تو ہم بھی جائیں گئیں۔

A : 어제 선생님이 우리 집에 왔어.

B : 내가 갔었더라면 그를 만났을 텐데.

A : 그는 내일 다시 올 거야.

B : 만약 그가 오면 우리도 갈게.

Dialog 2 **결혼**

A: کیا وہ اُس سے شادی کرےگی؟

B: شاید ، وہ تُم سے شادی کر ئے۔

A: اگر وہ مُجھ سے شادی کرئے گی تو میں صِرف اُس سے پیار کرؤں گا۔

B: اگر تُم اُس کو نہیں نکالتے تو وہ پیار اور خُوبصورت ہوتا۔

A : 그녀가 그에게 시집을 갈까?

B : 아마 그녀는 너에게 시집을 올 걸.

A : 만약 그녀가 나에게 시집 온다면 나는 오직 그녀만 사랑할 거야.

B : 만약 네가 그녀를 버리지 않았었다면 그 사랑이 더 아름다웠을텐데.

문장 훈련하기

다음 밑줄 친 부분을 채워 보세요.

비록 네가 다시 거짓말을 할지라도, 나는 너를 버리지 않을 거야.

اگر چہ تُم پھر _____ توبھی میں تم کو _____

만약 네가 거짓말을 했었다면, 나는 너를 버렸을 거다.

اگر تم _____ تو میں تم کو _____

만약 그 소년이 결혼을 거부했었다면, 이 소녀는 그를 만나지 못했을 텐데요.

اگر وہ لڑکا شادی سے _____ تو وہ لڑکی اُسے _____

만약 그가 오면, 당신께 알리겠습니다.

اگر وہ آئےگا تو میں آپ کو _____

만약 미리 주문하셨다면, 저희가 준비했을 텐데요.

اگر آپ پہلے _____ تو ہم _____

만약 제가 미리 알았었다면, 제가 주문을 드렸을 텐데요.

اگر مُجھے پہلے _____ تو میں حکم _____

복습하기

다음 한국어를 우르두어로 말해 보세요.

1 잠시만 제가 휴대폰을 사용할 수 있습니까?

_____

2 채식주의자를 위한 채식 식사가 가능합니까?

_____

3 만약 미리 주문하셨다면 저희가 준비했을 텐데요.

_____

4 만약 네가 그녀를 버리지 않았었다면, 그 사랑이 더 아름다웠을 텐데.

_____

5 만약 그녀가 나에게 시집온다면, 나는 오직 그녀만 사랑할 거야.

_____

6 아쉽네요.

_____

7 만약 그가 안 오면 나에게 알려줘.

_____

8 만약 그 소년이 결혼을 거부했었다면, 이 소녀는 그를 만나지 못했을 텐데요.

_____

Supplement ▶

1 신체 기관

의미	발음	문자	의미	발음	문자
머리	써르	سر	허리	꺼머르	کمر
이마	마타/ 뻬샤니	پیشانی / ماتھا	척추	리르	رِیڑھ
머리카락	발	بال	등	삐트	پِیٹھ
눈	안크	آنکھ	어깨	껀다	کندھا
눈썹	보엥	بھویں	팔	바주	بازُو
코	나끄	ناک	팔꿈치	까흐니	کُہنی
입	무	مُنہ	다리	땅그	ٹانگ
얼굴	찌흐라	چِہرہ	발	빠옹	پاؤں
아래턱	토리	ٹھوڑی	배	삐뜨	پیٹ
턱	자브라	جبڑا	무릎	구뜨나	گُھٹنا
입술	혼뜨	ہونٹ	목	거르던	گردن
혀	주반	زُبان	목구멍	갈라	گلا
귀	깐	کان	뼈	하디	ہڈّی
손	하트	ہاتھ	이빨	단뜨	دانت
손바닥	하텔리	ہتھیلی	볼	갈	گال
손가락	운글리	اُنگلی	뇌	다마그	دماغ
엄지	안구타	انگوٹھا	심장	딜	دل
손톱	낙흔	ناخن	피부	질드	جِلد
수염	다리	داڑھی	가슴	씨나	سِینہ

2 생활 주방용품

의미	발음	문자	의미	발음	문자
밥그릇, 대접	까또라	كٹورا	냄비	버르떤	برتن
쟁반(트레이)	떠레	ٹرے	바구니	또끄리	ٹوکری
글라스잔	갈라쓰	گلاس	다리미	이쓰떠리	اِستری
바늘	쑤이	سوُئی	빗자루	자루	جھاڑو
전통 컵	삐알라	پِیاله	빗	깐기	کنگھی
일반 컵	꺼쁘	کپ	스토브, 레인지	쭐하	چُولها
컵받침	삐르쯔	پِرچ	거울	아이나	آئینہ
큰접시	쁠레드	پلیٹ	양초	몸버띠	مومبتی
포크	깐따	کانٹا	비누	싸번	صابن
칼	추리	چُھری	싱크대	씬끄	سنک
숟가락	쩌머쯔	چمچ	수도꼭지,배관	날	نل

3 과일

의미	발음	문자	의미	발음	문자
사과	쎄브	سیب	포도	앙고르	انگور
배	나쉬빠띠	ناشپاتی	망고	암	آم
복숭아	아루	آڑُو	구아바	암로드	امرود
끼누 오렌지	끼누	کِینو	일반 오렌지	나런쥐	نارنجی
수박	따르부즈	تربوز	빠빠야	빠삐따	پپیتا
메론	ㅋ허르부자	خرُبوزه	대추	카주르	کھجو
석류	아나르	انار	파인애플	아나나쓰	انناس
무화과	안지르	انجیر	산딸기	또띠피런기	توتِفرنگی
바나나	라	کیلا	자몽	쩌꼬뜨라	چکوترا

4 식품, 채소

의미	발음	문자	의미	발음	문자
쌀	짜월	چاول	기름	뗄	تیل
밀	건덤	گندم	얼음	버르프	برف
통밀가루	아따	آٹا	옥수수 전분	마까이까아따	مکئی کا آٹا
설탕	치니	چینی	당근	가저르	گاجر
소금	나마끄	نمک	마늘	라썬	لہسن
후추	깔리 미르쯔	کالی مِرچ	생강	아더르끄	ادرک
고추	쑤르흐 미르쯔	سُرخ مِرچ	배추	(차이니스) 고비	گوبھی
우유	두드	دُودھ	무	물리	مُولی
꿀	셰허드	شہد	시금치	빨라끄	پالک
식빵	더블로띠	ڈبل روٹی	호박	뻬타	پیٹھا
곡식	아나즈	اناج	오이	키라	کھیرا
감자	알루	آلو	양파	삐야즈	پیاز
고구마	샤끄리껀드	شکر قند	대파	하라 삐야즈	ہرا پیاز
가지	벵건	بینگن	옥수수	마까이	مکئ

5 색상

의미	발음	문자	의미	발음	문자
빨강	랄	لال	흰색	써페드	سفید
주황	나런쥐	نارنجی	검정	깔라	کالا
노랑	삘라	پیلا	갈색	부라	بُھورا
초록	하라/써브지	سبز / ہرا	핑크	굴라비	گُلابی
파랑	닐라	نیلا	회색	쑤르마이	سُرمئی
남색	게헤라 닐라	گہرا نیلا	금색	슈너허리	سنہری
보라	잠니	جامنی	은색	짠디	چاندی

6 동물

색상	발음	문자	색상	발음	문자
개	굳따	کُتّا	사자	쉐르	شیر
고양이	빌리	بِلّی	호랑이	찌따	چِیتا
닭	무르기(암컷)	مُرغی	코끼리	하티	ہاتھی
염소	버끄리(암컷)	بکری	참새	찌르야	چِڑیا
양	베르(암컷)	بھیڑ	낙타	운뜨	اُونٹ
소	가에	گائے	뱀	싼쁘	سانپ
말	고리(암컷)	گھوڑی	쥐	쭈하	چُوہا
원숭이	번더르	بندر	곰	리치	رِیچھ

145

7 그 외 표현

훌륭해!

[샤바쉬!]

شاباش!

대단해! (정말 잘했어, 예뻐 죽겠어)

[보흐뜨 ㅋ후브 해!]

بہت خُوب!

바로 그거야!

[빌꿀 두르쓰뜨!]

بِالکل درست!

절대 아니야!

[빌꿀 내히!]

بِالکل نہیں!

어리석기는!

[꺄 허마끄뜨 해!]

کیا حماقت ہے!

틀렸어! (나빠, 잘못되었어)

[부리 바뜨 해!]

بری بات ہے!

빨리 빨리 해!

[잘디 잘디 까로!]

جلدی، جلدی کرو!

도대체 뭐가 문제야?

[꺄 무아말라 해?]

کیا مُعاملہ ہے؟

이상한데요! (놀랐어요)

[헤르뜨 해!]

حیرت ہے!

오, 안돼!

[아레 내히!]

ارے نہیں!

정말이야?

[꺄 와끄히?]

کیاواقعی؟

어이구 가엾어라!

[끼뜨네 두크 끼 바뜨 해!]

کتنے دُکھ کی بات ہے!

얼마나 부끄러운 일인가!

[끼드니 샤름 끼 바뜨 해!]

کتنی شرم کی بات ہے!

왼쪽으로 계속 가십시다.

[바엥 써므뜨 짤랭.]

بائیں سمت چلیے۔

방해하지 말아 주세요.

[떠끌리프 마뜨 끼지에.]

تکلیف مت کیجیے۔

신경쓰지 마세요.

[부라 나 마니에 가.]

برا نہ مانیے گا۔

나는 졸립니다.

[무제 닌드 아 라히 해.]

مُجھے نیند آ رہی ہے۔

소음을 내지 마세요.

[쑈르 마뜨 머짜오.]

شور مت مچاؤ۔

모든 것이 당신 덕분입니다.

[예 써브 앞끼 와자쎄 후와.]

یہ سب آپ کی وجہ سے ہوا۔

저 좀 도와주실래요?

[꺄 앞 메리 마드드 까렝게?]

کیا آپ میری مددکریں گے؟

해 답

01

1. السلام علیکم؟
2. وعلیکمُ السلام۔
3. جی ہاں / جی نہیں
4. کیا آپ چینی ہیں؟
5. میں کورین ہُوں۔
6. یہ اُردو کے لئے کِتاب ہے۔
7. وہ میری بیٹی ہے۔
8. میں کاروبار کے لئے پاکستان میں ہُوں۔

02

1. وہ ہوٹل کو جاتا ہے۔
2. کیا آپ یہاں آتے ہیں؟
3. کیا وہ پاکستان کو جاتے ہیں؟
4. میرا بیٹا کوریا میں آتا ہے۔
5. آپ سُست ہیں۔
6. کیا آپ میرے لئے چلاتے ہیں؟
7. ٹیکسی کا کِرایہ کیا ہے؟
8. میٹر فی کے طَور ہے۔

03

1. میری فِکر نہ کیجئے۔
2. آپ کی مدد کا شُکریہ۔

---

3. آپ کا خَیر مُقدّم ہے۔
4. کوئی بات نہیں۔
5. اِسکول جا۔
6. کوریا کو آؤ۔
7. وہاں نہ جاؤ۔
8. میرے لئے پانی دو۔
9. پِھر مِلیں گے۔

04

1. اُس کمرے میں ایک بھائی اور دو بہنیں ہیں۔
2. میرے بیٹے کے لئے میزیں اور کُرسیاں دیجیے۔
3. دو کمروں میں آدمی اور عَورتیں ہیں۔
4. لڑکیاں کُرسیوں پر ہیں۔
5. ایک لڑکی اور دو لڑکوں کے لئے دو کمرے دیجیے۔
6. ایک رات کے لئے یہ کمرہ یا دو راتوں کے لئے وہ کمرے میں ٹھہریں۔

05

1. وہ سُست لڑکا ہے۔
2. ہم مضبوط آدمی ہیں۔
3. وہ خُوب صورت عَورتیں ہیں۔
4. کمزور آدمیوں کو کُچھ کام نا دو۔

4 وہ دفتر کو جا رہے تھے۔

5 ہم نے دو گھوڑیاں دیکھی ہیں۔

6 ہم نے پاکستان میں کُتّا نہیں دیکھا تھا۔

7 وہ کل صبح گئ ہوگی۔

09

1 کرائے پر گاڑی اِستعمال کرنے کے لئے میں کہاں جاوں؟

2 پانی پینا اہم ہے۔

3 اگرچہ وہ سب سے خُوبصورت ہے تو بھی میری بیوی سے اور خُوبصورت نہیں۔

4 جب اُس نے کھانا کھایا، تب ہم نے پانی پیا۔

5 میں اُردو سیکھنا کو پاکستان میں آیا ہُوں۔

6 وہ خُوش ہوگی کیوں کہ میں جاوُں گا۔

7 چُونکہ وہ اچھّی عورت ہے اِس لئے وہ مُجھے کھانا دیتی ہے۔

05

5 بدصورت آدمیوں کو خُوب صورت عَورتیں اچھّی ہیں۔

6 اِیماندار عَورتوں کو بے ایمان آدمی نہیں چاہیے۔

06

1 مُجھے شہر بہت پسند ہے۔

2 اور مزے دار کھانا کھائے۔

3 میں کھانا لاوُں؟

4 اُس کو پاکستانی کھانا زیادہ پسند ہوگی۔

5 وہ چور ہوگا۔

6 میرے لئے کوریا کا کھانا سب سے اچھا ہوگا۔

07

1 لڑکے نے گھوریاں دیکھیں۔

2 میں پِچھلے سال کو اِس سکُول میں کام کرتا تھا۔

3 وہ ہوٹل میں کھانا کھاتے تھے۔

4 اُس نے ہوٹل میں کھانا کھایا۔

5 آپ نے گھر میں پانی پیا۔

6 وہ بستہ لیے۔

08

1 اب میں کیا کر سکتا ہُوں؟

2 اِس سڑک سے پہلے راستے میں دائیں جائے۔ ۲

3 وہ اُردو سیکھا رہی ہے۔

10

1 میرے گھر میں خوش آمدید۔

2 مُجھے آپ سے مِل کر خوشی ہوئی۔

3 میری بِلّی میرے اور میری بیوی کے درمیان سوتی تھی۔

4 میری بیوی کہتی ہے کہ آپ کے لئے میں نے پاکستانی کھانا تیّار کیا ہے۔

5 یقیناً، میں پاکستانی کھانا خُصوصاً پسند ہے۔

6 کیا آج کل آپ پاکستانی کھانا اکثر کھاتے ہیں؟

7 ہم آپ کے بغیر یہ کام نہیں کر سکتے ہیں۔

149

11

1 کیا آپ کو چکر آتے ہیں؟

2 مُجھے بخار ہے۔

3 آپ بہت مہربان ہیں۔

4 کل میں دوست سے ملا۔

5 میرے سر اور پیٹ میں درد ہیں۔

6 پاکستانی لوگ غیر ملکی کی عزت کرتے ہیں۔

7 غیر ملکی ہمارے مِہمان ہے۔

8 وہ مُجھے دھوکہ دیتا تھا۔

9 وہ میر اِانتظار کرے گی۔

1 وہ لڑکی جِس سے ہم کل ملے پاکستانی نہیں۔

2 پاکستان جہاں سے تُم پیدا ہُوئی خُوبصورت ہے۔

3 وہ لڑکی جو میری بیوی کی شِکایت کرتی ہے میری بیٹی ہے۔

4 وہ لڑکا جِس کی آپ تعریف کر رہے ہیں میرا بیٹا ہے۔

5 وہ آدمی جس کا تُم یقین کرتے ہو اچھّا آدمی نہیں۔

6 وہ لوگ جِس کا تُم اِنتظار کر رہا ہو یہ آدمی ہے؟

7 کیا یہ ٹِکٹ گھر ہے جہاں محل کے اندر جانے کے لئے ٹِکٹ خریدا تاہُوں۔

8 یہ آدمی تھا جو اُس سے سب سے زیادہ پیار کرتا تھا۔

13

1 وہ لڑکی کا پہنا ہوا کپڑا اچھا لگتا ہے۔

2 افسوس میں نے اُسے سارے بیچے تھے۔

3 دِیوار پر لگی ہوئی ٹوپی بھی اچھی ہے۔

4 کیا آپ نے کُرسی پر بیٹھے ہوئے چور کو دیکھا؟

5 میں نے چور کو دوڑتے دیکھا۔

6 میں کِتاب پڑھتا رہتا تھا۔

7 وہ اپنے بچوں سے بہت پیار کرتی ہے۔

1 کیا آپ کوریا سے آئے ہیں؟

2 اب میں کوریا کو واپس جا رہا ہُوں۔

3 میرا سامان کہاں بھیجا جائے گا؟

4 کیا ہوائ جہاز وقت پر اُڑے گا؟

5 تِیس منٹ دیر ہوگا۔

6 جنگ میں فوجی شہید کئے گئے۔

7 دو عَورتیں بولائی گئیں تھیں۔

8 میرے بیٹے کو ایک پُھول دیا جائے گا۔

15

1 کیا میں تھوڑے وقت کے لئے موبائل اِستعمال کر سکتا ہُوں؟

2 کیا سبزی خور کے لئے سبزی کھانا مُمکن ہے؟

3 اگر آپ پہلے حکم دیتے تو ہم تیار کرتے۔

٤ اگر تُم اُس کو نہیں نِکالتے   تو وہ پیار اور
خُوبصورت ہوتا۔

٥ اگر وہ مُجھ سے شادی کرئے گی تو میں
صرف اُس سے پیار کرؤنگا۔

٦ میں معزرت چاہتی ہُوں۔

٧ اگر وہ نہ آئے تو مُجھے خبر دو۔

٨ اگر وہ لڑکا شادی سے اِنکار کرتا تو وہ لڑکی
اُسے نہیں مِلتی۔

저자, 강사, 독자가 공존하기 위한 문예림 정책

평등한 기회와 공정한 정책으로

올바른 출판문화를 이끌도록 하겠습니다.

저 자

1. **도서는 판매부수에 따라 인세 정산하지 않습니다.**
   출판사는 일반적으로 판매분에 대해서 반기별 정산하지만, 우리는 도서 판매여부 관계없이 초판, 증쇄 발행 후 30일 이내 일괄 지급합니다. 보다 좋은 콘텐츠 연구에 노력하여 주십시오. 판매보고는 반기별로 중쇄 계획은 인쇄 60일전 안내합니다.

2. **도서 계약은 매절로 진행하지 않습니다.**
   매절계약은 출판계의 오랜 관행이지만 불합리한 계약방식입니다. 이로 인하여 저자들의 집필 의욕이 저해하여 생존력 짧은 도서로 전락합니다.

3. **판매량을 기준으로 절판하지 않습니다.**
   판매량에 따라 지속 판매여부를 결정하지 않으며 독창성, 전문성, 영속성이 기준으로 합니다.

강 사

1. **동영상강의 콘텐츠 계약은 매절로 진행하지 않습니다.**
   우리는 강사님의 소중한 강의를 일괄 취득하는 행위는 않으며, 반기별 판매보고 후 정산합니다.

2. **유료 동영상강의 인세는 콘텐츠 순 매출액의 20%를 지급합니다.(자사 사이트 기준)**
   우리는 가르침의 의미를 소중히 알며, 강사와 공존을 위하여 업계 최고 조건으로 진행합니다.

3. **판매량에 따라 동영상 강의 서비스를 중단하지 않습니다.**
   판매량이 따라 결정하지 않으며 지속가능한 의미가 있다면 유지합니다. 독창성, 전문성, 영속성을 기준으로 합니다.

독자 및 학습자

1. **도서는 제작부수에 따라 정가를 정합니다.**
   콘텐츠는 저자가 지속적인 연구할 수 있는 기반이 되며, 그 혜택은 독자와 학습자에게 전문성 있고 다양한 콘텐츠로 보답할 것입니다.

2. **도서 관련 음원(MP3)은 회원가입 없이 무료제공 됩니다.**
   음성은 어학학습의 꼭 필요한 부분으로 아무런 제약 없이 자유롭게 제공합니다. 다만, 회원가입 하시면 보다 많은 서비스와 정보를 얻을 수 있습니다.

3. **모든 콘텐츠는 책을 기반으로 합니다.**
   우리의 모든 콘텐츠는 책으로 시작합니다. 콘텐츠에 맞게 보다 다양한 콘텐츠로 함께 하도록 하겠습니다.